九宫旋转

十二桩法

陈永霞◎著

长江出版传媒
湖北科学技术出版社

图书在版编目（CIP）数据

九宫旋转十二桩法 / 陈永霞主编 . —武汉：湖北科学技术出版社，2015.7（2025.4 重印）

ISBN 978-7-5352-7769-5

Ⅰ. ①九… Ⅱ. ①陈… Ⅲ. ①武术—中国 Ⅳ. ① G852

中国版本图书馆 CIP 数据核字（2015）第 092150 号

策　　划：李大林　张波军　　责任校对：张波军　李　洋

责任编辑：张波军　陈　元　　封面设计：林　强　王　梅

出版发行：湖北科学技术出版社　　电　　话：027-87679468

地　　址：武汉市雄楚大街 268 号（湖北出版文化城 B 座 13-14 层）　　邮　　编：430070

网　　址：http://www.hbstp.com.cn

印　　刷：长沙鸿发印务实业有限公司　　邮编：410100

710 × 1000　1/16　14 印张　260 千字

2015 年 7 月第 1 版　2025 年 4 月第 2 次印刷

定价：58.00 元

“功夫女侠”陈永霞

陈永霞，字娴云，道号玄霞，1962 年出生于武当山下的古城郧阳，武当玄武派第十四代传人、武当太乙五行拳传承人。

陈永霞现任国家一级武术教练、中国武术协会会员、中国电影家协会会员、广东电影家协会理事、深圳影视家协会常务理事、印度世界瑜伽协会中国分会会长、中国武当太乙五行门研究会会长、武当养生研究会荣誉会长、中央电视台《武林大会》常任专家评委、“全球功夫之星电视大赛”总评委、CKF 中国功夫争霸赛创始人及总裁判长、“中华武术大学堂名家讲学”武当拳主讲名家、广州永侠武术俱乐部董事长和总教练。

陈永霞自幼习练内家拳，幼随老拳师王大祥习练大红拳、小红拳、龙凤剑等，后进入体校随名拳师刘太福系统学习太极拳、八卦掌及各种武术规定套路和传统器械；1978 年考入武汉体育学院武术系，得到一代名师温敬铭、刘玉华、江百龙等真传，学练国家规定武术拳剑套路及传统武功搏击短兵等，多次参加全国各类武术比赛，获得剑术冠军、传统拳术冠军等多枚奖牌；1983 年参加全国武术观摩交流大会获得“女子剑术”第一名。

20 世纪 80 年代初得到太乙五行拳正宗传人爱新觉罗·溥宸（汉名金子弢）的亲自传授，陈永霞学得武当真功《武当太乙五行拳》及紫光剑。

1983 年开始，陈永霞涉足影坛，先后主演了《新方世玉》《新方世玉续集》《神丐》《金镖黄天霸》《风尘女侠吕四娘》《神龙剑侠吕四娘》《特别攻击队》《喋血金兰》《英雄豪杰》《苏乞儿》等二十多部人们耳熟能详的武打影视作品，陈永霞演的个个都是顶天立地、光彩照人的女侠。所以，在武打片盛行一时之际，年轻俊美的陈永霞风光无限，成为轰动一时的著名武术明星，被评为“当代中国百名影星”和“当代世界500名青年影星”之一，被媒体称之为“新时期第一侠女”。

1989–1990年，陈永霞凭借电影《风尘女侠吕四娘》《金镖黄天霸》连续两年获中国电影家协会主办的第十二届、十三届《大众电影》百花奖最佳女主角侯选提名。

陈永霞女士以其深厚的武术运动专业知识、丰富的电影表演经验、靓丽的个人魅力，在电视媒体和传统中国武术结合的契机中找到了自己的定位，2006年和2007年担任分别第一届和第二届“全球功夫之星电视大赛”总评委，并出色地组织了第二届中国功夫之星全球电视大赛武当赛区的赛事。

陈永霞从2007年开始至今，作为专家评委参加中央电视台体育频道《武林大会》三百多期节目的制作策划和武术专业指导，同时还进行七百多场比赛赛事组织和推广工作，使《武林大会》成为了高收视率和极其受欢迎的节目和赛事，成为中国武术运动的旗帜节目。

陈永霞作为中华瑰宝——武当武术的传承人，为挖掘和传承中国传统武术及武当武术做出了重要的贡献。她通过中央电视台《武林大会》擂台赛的平台，不遗余力地在世界范围推广武当武术和太乙五行拳，把神秘的武当太乙五行拳搬上了擂台展示给世人，其中二度组织了中国有史以来最大规模的武当太乙五行拳全球擂台赛海选和咏春拳全球擂台赛海选，保持了高收视率。陈永霞女士是《武林大会》至今唯一的常任女专家评委，更卓越的是她近两年来以高起点打造了一档自主品牌与国际接轨的高收视率国际武术赛事——“CKF中国功夫争霸赛”并担任总裁判长，突破成为搏击类赛事唯一的女性总裁判长，其深厚的中国传统武术造诣和为武术运动发展所做出的重要贡献，按照国家武术管理中心原主任张耀庭的话说：“大大推动了武术搏击运动的发展。”此外，陈永霞还受到国家体育总局武术管理中心和中央电视台领导的多次表扬和嘉奖。

陈永霞组织的太乙五行拳全球擂台赛荣获2007年度中央电视台《武林大会》“最佳贡献奖”；2008年《武林大会》通臂拳组委会评为“突出贡献奖”、个人“金奖”；2009年被《武林大会》咏春拳全球选拔赛组委会评为“最佳组织奖”、“个人突出贡献奖”；2012 年《武林大会》走进丰县太乙五行拳战大洪拳，组委会颁发“特别贡献奖”，获得“功夫从化”中国武术大赛“女子剑术表演金奖”；在“中国体育产业（从化）高峰论坛”被评选为“中国体育产业风云人物”；在第四届世界传统武术节上以陈永霞“武当武术成就的一代侠女”选入武当群英谱。

陈永霞女士作为广州永侠武术俱乐部的董事长，拥有顶尖的职业武术搏击选手，并于 2009 年和 2010 年分别获得中国武术职业联赛的季军和亚军的优异成绩。

陈永霞习武至今 40 余年，从事武术专业运动教学和传统武术研究 30 余年，陈永霞既有丰富的专业武术教学经验，同时又具有深厚的传统道家文化底蕴，为国家培养了大批专业武术运动员，其学生及弟子遍及海内外。

陈永霞师从多家，取其精华，融会贯通，形成了自己独特的风格特点，特别是拳、枪、刀、剑等，更是练就得出神入化，有如神助。陈永霞的武术功底，既有挺拔舒展的外家功架，又有柔缓唯美的内家气质；既有学院派扎实的专业功底，又有传统道家深厚的文化内涵，在当今中国传统武术和武当武术领域独树一帜。陈永霞集武术名家、功夫电影明星、现代体育文化产业企业家、中国传统武术文化传承人等身份于一身，是中国传统武术发展的杰出代表。

序一

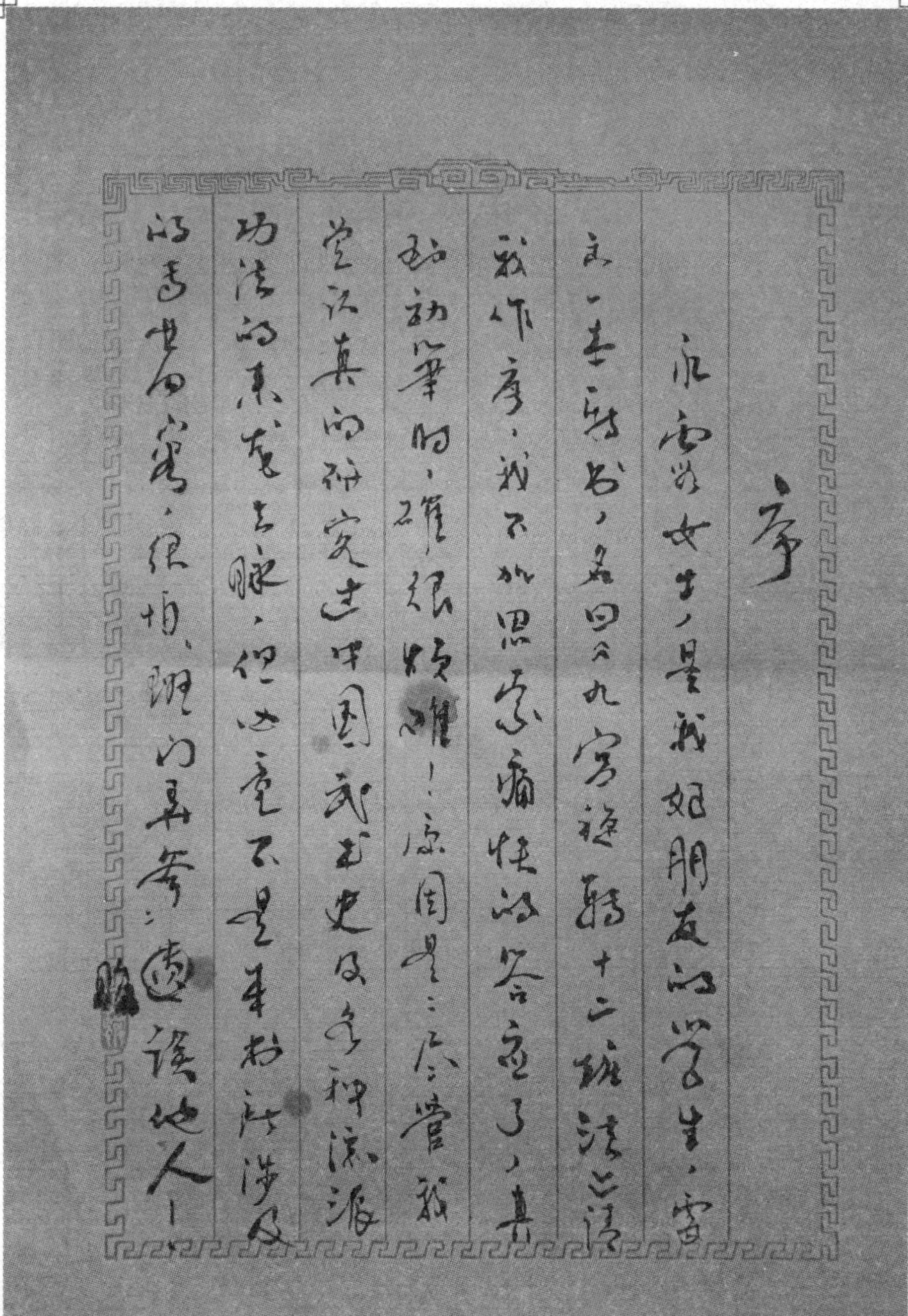

序

永霞女士，是我好朋友的学生，雷氏一套著书，名曰九宫旋转十二趟弹腿请我作序，我不加思索痛快的答应了，真动动笔的，确很烦难！！原因是：尽管我曾认真的研究过中国武术史及各种流派功法的来龙去脉，但也毕竟不是本行所涉及的专业与实践，很怕、现以草草遗误他人！

永安聪颖智慧，是影坛武星，曾拍摄过多部武侠电视连续剧，出任主角，被誉为当代中国百名影星之一，有媒体称之为新时代第一侠女，她已经因自己事业的成功，成为当之无愧的武林名师。武术弥久不衰，它源于中国，属于世界。是中华民族千百年来，在生存发展过程中，逐步丰富完善起来的，集健身、修身、防身于一体的中华团结，这几句话，也可以说是武术的主义。它在历史上曾经起过如此重要的积极作用，不仅是军事上的，还是抵御外侮都曾起到过决定性的作用。因此，从这个历史上讲，在冷兵器时代是不可替代的，但从且历史上选拔的是武举状元，文是科举，领兵打仗的重要军事人才的摇篮，它，和一个民族的思想文化是根植根深的，以教学上讲，它是对立的统一。在很长的时期中它是以武为主旨，对于一个国家、民族，是立以自强图强的基础。只是到了现代，进入远兵器的时代，它才更加突显了体育性，更加注重健身祛病、修身养性，而防身才退其次。由于它蕴的文化内涵到极其丰富，以此为武，不仅是说明中文的博大精深，而且也说明武文化的精髓之深奥。所以它是武戏、武舞、武德的

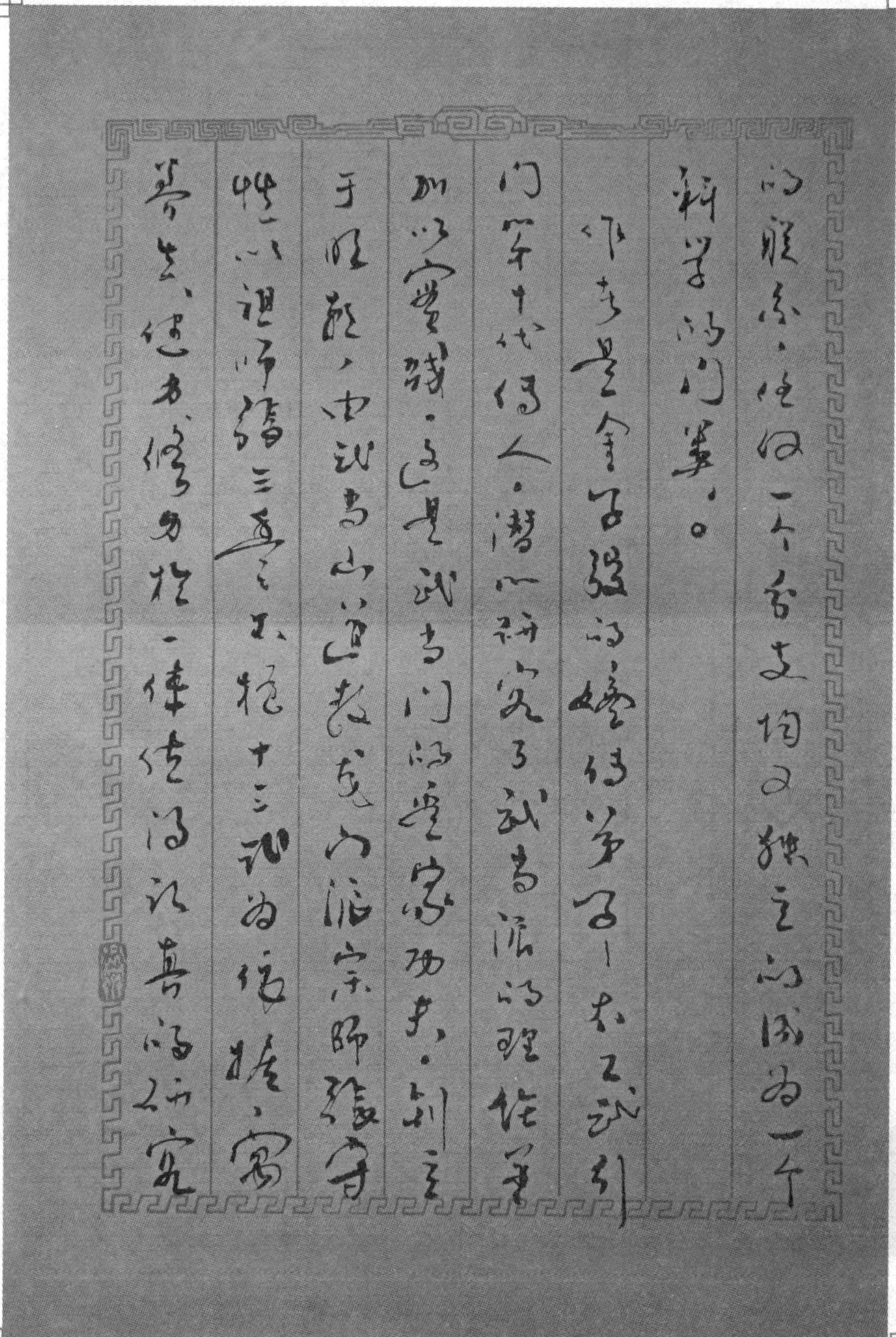

的发展，使得一个古老的又独立的成为一个科学的门类。

作者是金子弢的嫡传弟子，太乙武当门第十代传人，潜心研究了武当派的理精华加以实践，这是武当门派的真实功夫，剑之于胸。由武当山道教内派宗师张守性，以祖师张三丰之太极十三式为依据，写著出，使功力、修为、技一体化的认真的研究

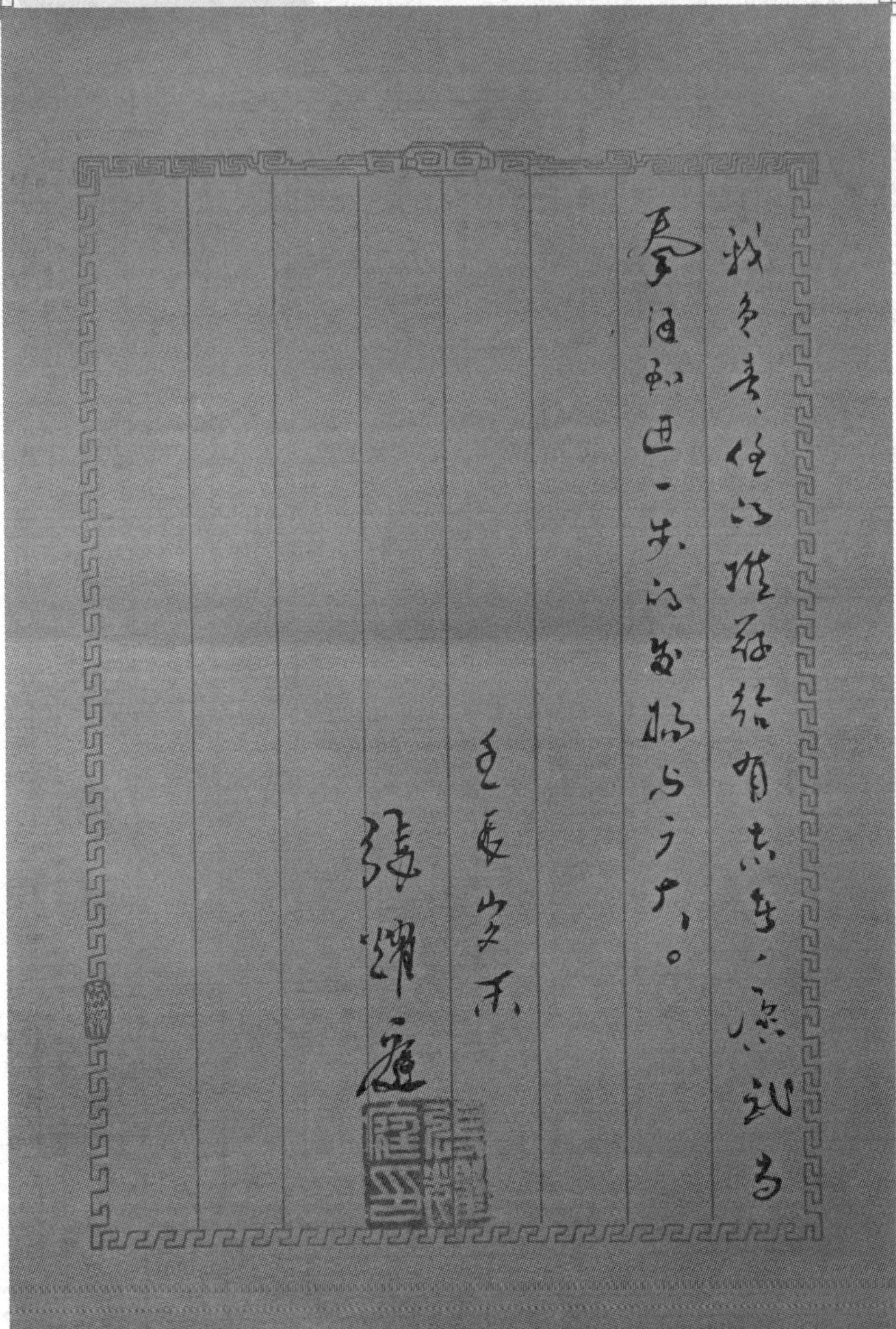
我负责任的推荐给有志者、愿武为拳法和进一步的发扬光大。

至爱安康

张耀庭

序二

九宫旋转十二桩法是武当太乙五行门的基本功，太乙五行门是武当本山秘传的武术养生派系，自明代以来，这门功夫只在武当山道教的出家弟子中承传，直到清末民初，清皇族人爱新觉罗·溥儇，汉名金子弢，首先以俗家弟子身份学得此技。金先生原本发誓永不外传，却不忍此技从此失传，故在1981年破誓，将此技公诸于世。

我（赵中义）与金子弢有过一面之缘。1981年，我随《武当》电影摄制组去了武当山。我在电影里扮演日本武士三鬼隆。因为我在山上的戏份不多，所以大部分的时间都在练功。一天，剧组在紫霄殿前迎来一位“不速之客”，听说是末代皇帝爱新觉罗·溥仪的御弟，出于好奇，我连忙赶去围观。只见金先生正在演练一套像太极、似八卦的拳术，打听之下知道这是武当山秘而不传的太乙五行拳。当时我就被那细腻的擒拿技法和缠绕拐绊的步法深深吸引，对其有了深刻的印象。

我最要好的两位朋友，与金先生有极深的缘分。

1984年，我去浙江台州探望同在《武当》电影里扮演日本武士的徐昌文兄。在他家里，我看见金子弢先生送给他的照片，照片上写着这么一段话：

“王教化道长：武当拳都失散了，你把这个传出来，就是你的功德，发个愿心，我也了心愿。

金子弢先生：我在武当学的拳，五十二年没外传，也没有收徒。现在还是归还武当山，我也了个心愿。

一九八一年六月谈话录音”

在这帧照片上，还有金先生的亲笔题字和签名，上面写道：

“昌文老师留念末代皇帝溥仪弟

形影相从

爱新觉罗·溥僎印

金子弢一九八五，三，廿六。

赠于杭州省体招待所”

在金先生的影响下，徐昌文兄起动了创编南太极拳的心念，在我的协助下，他的南太极拳在2010年，通过人民体育出版社出书发行了。

我的另一位好朋友陈永霞师妹，出自武当山下的武术世家。在20世纪八九十年代中国大陆影坛功夫热时，她曾主演《新方世玉》《吕四娘》《特别攻击队》等二十余部功夫片，成为全国十大武星之一；后来为了推广中华传统武术，她又成为深圳卫视“全球功夫之星”和中国中央电视台体育频道《武林大会》专家评委。当年金子弢先生在武汉公开传授太乙五行拳之际，她正值武汉体育学院武术系学生，当然“近水楼台先得月”，成了金先生的嫡传弟子。

我自1981年见过金先生演练的功夫，早就希望求学此艺，只是机缘未到，直到2011年，才有机会请教于陈永霞师妹。她在影星、传统武术推广人、办学教学者、专家评委、武术俱乐部董事长等多种身份之间不断切换忙于武林事务之余，用了整整一个月，每天三到四个小时，悉心传授这套武当本山功夫于我和我从荷兰带来的洋弟子。

武当内家拳要求练习者必须具备“舍己从人”的柔化功夫和“辨位于尺寸毫厘”的拿捏经验，因此通过九宫旋转十二桩法的基本功训练，培养一种全身整体性的螺旋拧劲，达到以“圆弧运动柔化外界压力，以旋拧运动凝聚内劲，缠绞、封闭对手的关节、穴道”的目的，是一套专练擒拿跌仆的内功功法。

武当内家拳的特点，在明末史学家黄宗羲著《王征南墓志铭》

有介绍，以擒扑打穴为要，据陕西武术名家马贤达考证，与今人所演练的太极、形意、八卦、无极等拳术毫无共同之处。武当太乙五行拳术，是张三丰所创，武当道人张守信整理，一脉承传至今的武当功夫。

武当太乙五行拳不可与太极拳相比。虽然两者都讲究"舍己从人"、"以柔克刚"，但太极拳讲究的"缠丝劲"像"来复枪"，是外发性的。还有，太极拳其它内劲运用的形式，更注重弹网般的攻击效果，与太乙五行拳像蟒蛇一样缠绞、内敛和突发的寸劲等运动形式风马牛不相及。拿它们做优劣相比是非常不合适的。

我从事武术专业已经三十五年，特别是近十年来，客居荷兰这个世界格斗王国，也涉足其中，训练出荷兰的MMA职业拳王，体会到西方格斗术的强悍，也了解他们的弱点。回过头来思考，却深感中国传统武术更加渊博，特别是像武当拳术、太极、形意等追求内外结合、舍己从人、借力打力等功夫，借修炼以养生、悟道的理念，是西方为了追求极致不惜作最大损耗的格斗观无法相比的。我坚信，中国武术，特别是像武当拳术这样的功夫，是顺应天道，能与天地共存的武术学问。

可惜，现时的中国，还缺少内外贯通的视野和致虚务实的氛围。我期望，借此推广武当拳术之际，引起武术爱好者的共鸣，以追求武术极终意义的宽广视野和行动，复兴中华武术。

荷兰精武体育基金会

会长赵中义（秋荣）

作序于2012年3月28日，荷兰，海牙。

目录

"功夫女侠"陈永霞 /001

第一章　九宫旋转十二桩理法原则 /001

第一节　九宫 /003

第二节　九宫十二格 /007

第三节　先天八卦和后天八卦 /009

第四节　八卦在人体中的定位 /012

第二章　九宫旋转十二桩技法原则 /015

第一节　桩法一般 /016

第二节　九宫旋转十二桩法 /017

第三节　行功顺序及方位 /019

第四节　动作属性 /020

第五节　动力结构和技击意义 /021

第六节　练功阶段及层次 /023

第七节　练功时间和次数的阶段性安排 /025

第八节　基本功法 /026

第三章　九宫旋转十二桩法动作图解 /047

第一节　起势 /048
第二节　第一桩太极阴阳鱼 /059
第三节　第二桩泥丸旋天掌 /066
第四节　第三桩黄庭转地掌 /078
第五节　第四桩玄冥分水掌 /089
第六节　第五桩神光集火掌 /103
第七节　第六桩九霄追魂掌 /114
第八节　第七桩地渊还魄掌 /127
第九节　第八桩雷电盘旋掌 /138
第十节　第九桩大泽擒龙掌 /146
第十一节　第十桩逍遥风云掌 /158
第十二节　第十一桩空山搂月掌 /171
第十三节　第十二桩混元归一掌 /183

后　记 /194

第一章

九宫旋转十二桩理法原则

作为武当太乙五行门的基础功法，九宫旋转十二桩法的内容有十二个动势桩式，其中四对阴阳相对的动作归属八卦各宫，另外，一对起于太极、归于混元的起止动作和一对追魂还魄的收放动作在中宫面向四方演练，以示遵从太极生两仪（阴阳）、两仪生四象、四象生八卦的道法规律。

四象，在四时为春夏秋冬，在属性为金木水火，在方位为东西南北。以方位说，四方四隅为八卦各宫，加上中宫，共成九宫。四象生八卦的过程，既是一个时空概念，也含有五行生克的机理。因此春夏秋冬四季暗含十二消息卦，即一年十二个月，取其阴阳属性不同，而形成时空消长的十二法象；又因为金木水火四象的属性不同，又有了事物属性生克的十二法象，万物无不处在时空消长和属性生克的对立统一之中。万物之精灵的人也不例外。武当道家正是为了使人们在纷繁的时空对立和复杂的属性生克中得以生存发展，经过千百年的去粗存精，去伪存真，在养生方面取其时空相长和属性相生的原理，在技击方面取其时空消降和属性克夺的原理，创制出九宫旋转十二桩法来。

第一节　九　宫

宫，《说文》:“室也”，中空而大、雄宏也，常用于皇宫、仙宫、庙宇等。九，老阳，《周易》以阳爻为九。《楚辞·九辨》序曰：“九者，阳之数，道之纲纪也。”《管子·五行》亦云：“天道以九制。”所谓九宫，一般意义上讲是指八卦所代表的方位加中位，以九宫位各居一神的形制，故而名之。九宫具体指乾宫、坎宫、艮宫、震宫、中宫、巽宫、离宫、坤宫、兑宫。其中，乾、坎、艮、震属阳宫，巽、离、坤、兑属阴宫，加上中宫位共为九宫。在《奇门遁甲》中，九宫是排局的框架和阵地，它是洛书与后天八卦的结合。中宫之数为五，寄于坤宫。这样，依据文王八卦方位：坎居正北，离居正南，震居正东，兑居正西，此为四正宫；余乾、坤、巽、艮为四维宫。以四正、四维加上中宫，便构成九宫，并根据洛书的数阵推演出九宫图，即在各宫的数阵上，配合时空方位以形成井字格——九宫格（见图一）：依次为一宫坎（正北）、二宫坤（西南）、三宫震（正东）、四宫巽（东南）、五宫中（寄于坤）、六宫乾（西北）、七宫兑（正西）、八宫艮（东北）、九宫离（正南）。此九方，上应九天，下应九野，人应九真（神）以制九窍与九体。这种最初的数阵模型后来发展成为幻方，亦即矩阵。

巽 4	离 9	坤 2
震 3	中 5	兑 7
艮 8	坎 1	乾 6

（图一　九宫图）

九宫的方位：二四为肩，六八为足，左三右七，上九下一，五居中央（见图二）。

九宫的阴阳属性及运行路线：各宫方位中皆有神祇所居，故称之为宫。从中宫下行八卦之宫，每四步还于中宫，故中宫相数是五。启动时，以阳出，以阴入。阳起于子（坤），阴起于午（乾），因此行九宫时，从坎宫开始。坎，中男，始以言无偏也。

第二步入坤宫。坤，母也。

第三步入震宫。震，长男也。

第四步入巽宫。巽，长女也。

第五步入中宫，寄于坤宫。

第六步入乾宫。乾，父也。

第七步入兑宫。兑，少女也。

第八步入艮宫。艮，少男也。

第九步入离宫。离，中女也。

如此一周循环。一周之后还于中央，再行又从一开始。

后来，这样的“行步法”被道家称之为“步罡”，俗称“踏罡布斗”。此处使用的是“步罡”的一种，即“禹步九灵罡”，练习到高境界，据说能行此步法者本身就会“隐形”，故有“移身幻影”之说。《道藏·太玄部·金锁流珠引》曰：“夫步罡者，是强身健神壮魄之法”，可“度五苦八难，消九厄，治百病”。如此，“九宫八卦”图与“甲、乙、丙、丁、戊、己、庚、辛、壬、癸”十天干和“子、丑、寅、卯、辰、巳、午、未、申、酉、戌、亥”十二地支相配合的时空概

（图二　九宫八卦图）

念结合起来，同时也具备了《奇门遁甲》中“休、生、伤、杜、景、死、惊、开”的八门规定，从而为九宫旋转十二桩法构筑了基本的行功路线。

根据洛书数阵，对应后天八卦时空模型，形成如下九宫运行路线图：从坎宫（北）（1）向右上（西南）入坤宫（2），向左下（东）入震宫（3）向上（东南）入巽宫（4），然后回中宫（5），继续向右下（西北）入乾宫（6），向上（西）入兑宫（7），向左下（东北）入艮宫（8），向上（南）回中轴线入离宫（9），沿中轴线下行回归坎宫（1）（见图三）。

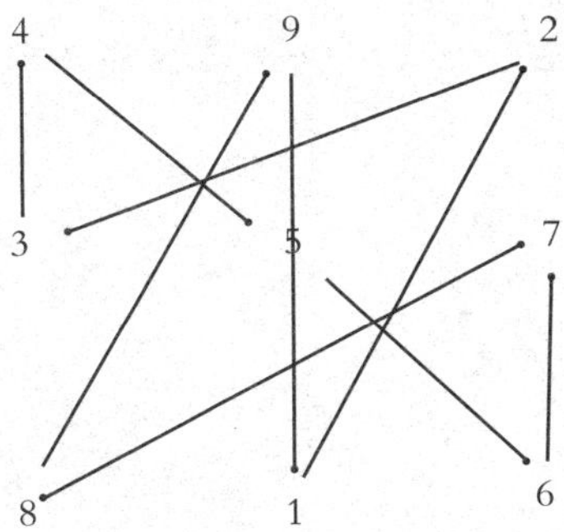

（图三　九宫路线图）

“九宫”之法，在中国古代民间有着广泛运用。其中“九宫占”、“九宫术”、“九宫算”、“九宫格”、“太一坛”等，就广泛用于民间的占、术、算、医、纬、建筑等方面。

道教中将九宫数理引入人体修炼的，以武当山道教为代表。武当《修真图》云：“天有九宫，地有九州。人之下丹田有九窍，以象地之九州；泥丸窍有九穴，以按天上九宫。”《上清黄庭内景经·至道章第七》云：“泥丸九真皆有房，方圆一寸处此中。同服紫衣飞罗裳，但思一部寿无穷。非各别住俱脑中，列位次坐向外方。”务成子注：“神绕丹田而外其面，以捍不祥。”泥丸有九真，每真居一宫，泥丸夫人居中央（见图四）。

《八素经》亦云：“真有九品，向外列位，则当上真上向，高真南向，太真东向，神真西向，玄真北向，仙真东北向，天真东南向，

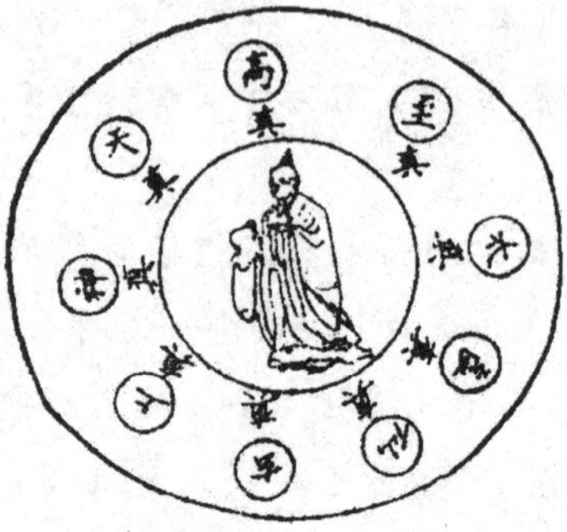

（图四　脑部九真九宫图）

灵真西南向，至真西北向。天真者，不视而明，不听而聪，不言而正，不行而从。”可见，九宫旋转十二桩法不仅健体养生，而且化气以养神，炼养神灵。

第二节　九宫十二格

根据九宫图的模型，共有九格，其外延之数，则正好为十二格（见图五）。

	1	2	3	
12	4	9	2	4
11	3	5	7	5
10	8	1	6	6
	9	8	7	

（图五　九宫十二格图）

这就为太乙门桩法成功运用十二消息卦丰富其内容提供了理法依据。十二消息卦，是运用“周易”的易理卦象，解释自然和人体生物钟变化的重要方法。它能够比较准确地解释人体十二经脉流注，顺应一日十二时辰阴阳消长变化、人体气血盈亏对应一月之朔望，代表人体先天功能的神在一年二十四节、七十二候中“旺相休囚死”之变化，甚至运用人生十二消息卦揭示出人生零至六十四岁先天之精耗损及后天补先天而返老还童的秘诀。

九宫十二格的组成，由乾坤二卦相互推移而形成的十二卦，为众卦之基础，依阴阳消息的次序排列卦象。

复卦初六　冬至　姤卦初九　夏至

临卦六三　大寒　遁卦九三　大暑

泰卦九五　雨水　否卦六五　处暑

大壮初九　春分　观卦初九　秋分

（图六　十二月卦图）

夬卦六三　谷雨　剥卦六三　霜降

乾卦六五　小满　坤卦六五　小雪

消息卦以“乾”卦含子、丑、寅、卯、辰、巳,“坤”卦含午、未、申、酉、戌、亥，以两卦十二爻表示一年的十二个月，或称为一年循环周期。其中刚柔二爻的变化，体现了阴阳二气的消长过程，即从复卦至乾卦，阳爻逐渐增加，从下往上增长，阴爻逐渐减少，表示阳气逐渐增强，阴气逐渐减弱，为阳长阴消过程；从姤卦至坤卦，阴爻逐渐增加，从下往上增长，阳爻逐渐减少，表示阴气逐渐增强，阳气逐渐减弱，为阴长阳消过程（见图六）。

第三节　先天八卦和后天八卦

早在古代的伏羲时代，先天八卦已经存在。先天八卦原来并无图形，后来至五代道学大家陈抟创制先天图（无极图）刻于华山巨石之上，宋代理学家周敦颐得陈抟先天图而作《太极图说》，宋代大易学家邵康节根据《易经》和上述图文对八卦的描述而绘制成图，反映世界未产生前的景象。

先天八卦，又称伏羲八卦，传说是由距今七千年的伏羲氏观物取象所作。《易·系辞传》：“易有太极，是生两仪，两仪生四象，四象生八卦。”这就是先天八卦及其产生的过程。在这个演变过程中，易就是道，就是无极，正如周敦颐所说的“无极生太极”，即无中生有；其次是太极，太极生阴阳，即一生二；再次是两仪，两仪即为一阴爻和一阳爻，为“涵三为二”，即二生三；然后是四象，四象为阴阳二爻自配和互配，而得太阴、太阳、少阴、少阳四种卦象，代表四时、四方等；最后是八卦，再用四种卦象相互匹配，以演出八种基本卦象，即天、地、风、雷、山、泽、水、火，以为代表万事万物的基本形态。这就是我们这个宇宙形成的全过程。其中先天数的产生，是由混沌太极，无形无象也无定位，只是一气相生，阴阳次第相加，而自然造化一至八数，故谓“先天”。

先天八卦讲对峙，即把八卦代表的天、地、风、雷，山、泽、水、火八类物象分为四组，以说明它们的阴阳对峙关系。《易·说卦传》中将乾、坤两卦定位为天、地；震、巽两卦分为雷、风；艮、兑两卦称为山、泽；坎、离两卦称为水、火。这种阴阳对峙关系，形成“气终而象变”的状态，即事物走到终点（极端）则变向反面，所以“夏至—阴生”、“冬至—阳生”等就显得极富哲理性。在拳法中就像刚猛之拳来势汹汹，然而“气终而象变”，我便四两拨千斤。

先天八卦的卦序是：一乾、二兑、三离、四震、五巽、六坎、七艮、八坤。《易·说卦传》说：“天地定位，山泽通气，雷风相搏，水火不相射，八卦相错，数往者顺，知来者逆，是故易逆数也”。这是先天八卦方位的理论依据，解释了八卦各为一体，而又自身匹配的关系（见图七）。

（图七　先天八卦图）

先天八卦图的方位十分对称：南乾对北坤，东离对西坎，此为四正；西南巽对东北震，东南兑对西北艮，此为四隅。

后天八卦，也称后天八卦图，又称文王八卦图，即震卦为起始点，位列正东。按顺时针方向，依次为巽卦，东南；离卦，正南；坤卦，西南；兑卦，正西；乾卦，西北；坎卦，正北；艮卦，东北。如象征节气，则震为春分，巽为立夏，离为夏至，坤为立秋，兑为秋分，乾为立冬，坎为冬至，艮为立春。其序数为：坎一、坤二、震三、巽四、五为中宫，乾六、兑七、艮八、离九。《说卦传》曰：“乾、天也，故称乎父。坤、地也，故称乎母。震一索而得男，故谓之长男。巽一索而得女，故谓之长女。坎再索而得男，故谓之中男。离再索而得女，故谓之中女。艮三索而得男，故谓之少男。兑三索而得女，故谓之少女”。《说卦传》曰：“帝出乎震，齐乎巽，相见乎离，致役乎坤，说言乎兑，战乎乾，劳乎坎，成言乎艮”。邵子曰：“乾统三男于东北，坤统三女于西南，乾、坎、艮、震为阳，巽、离、坤、兑为阴”。

后天八卦讲流行，形容周期循环，如水流行，用以表示阴阳的依存与互根，五行的母子相生。后天八卦图是从四时的推移，万物的生长收藏得出的规律。后天八卦图从《周易·说卦传》中可以看出，万物的春生，夏长，秋收，冬藏，每周天360日有奇，八卦用事各主45日，其转换点就表现在四正四隅的八节上，这就构成了按顺时针方向运转的后天八卦图。每卦有三爻，三而八之，即指一年二十四个节气，于此可见这些卦图的实质意义了（见图八）。

（图八　后天八卦图）

第四节　八卦在人体中的定位

❶ 内八卦

定位时先以神阙穴为中心确定纵向的中轴线，上面的为离卦，下面的为坎卦，左边的为震卦，右边的为兑卦（左右定位以观察者的角度为准，与被观察者的自身角度正好相反，下同），左上角为巽卦，右上角为坤卦，左下角为艮卦，右下角为乾卦（八卦与脏腑对应在后面的章节中自有详细论述）。

❷ 中八卦

内八卦的定位确定后，中八卦就非常容易了。说得清楚一点，中八卦就是在内八卦的基础上作相应的放大。中八卦的大小范围与腹部太极图范围相仿，先定出四正位：上部以任脉的中脘穴为界，下部以任脉的中极穴为界；两边各以左右的大横穴为界。四正位界定后，四隅位可在四正位的基础上作相应的方位界定。中八卦的方向定位与内八卦完全一样，因此我们只要将内八卦的方向定位准确后，中八卦的定位只须以内八卦范围向外作放射状扩大延伸即可。

❸ 外八卦

其范围比较广泛也有些复杂，凡中八卦以外的头面、躯体和四肢等部位都可看作为外八卦。外八卦的整体定位以古洛书理论为依据。洛书古称龟书，传说有神龟出于洛水，其背上有此图象，将人体看作为一个伏着的神龟，“戴九履一，左三右七,二四为肩，六八为足”。九数为头居离位，一数为尾居坎位；三数为左胁居震位，七数为右胁居兑位；二数为右肩居坤位，四数为左肩居巽位；六数为右足居乾位，八数为左足居艮位。五与十为脏腑居中心。因后天八卦的方位是以洛书的方位定位，所以外八卦的定位也是以洛书的方位来决定。外八卦所涉及的范围比较广，它不是以部位而定，而是以各个大小区域去定位，其取位有些复杂。

"戴九履一"，九数为火居南方为头，一数为水居北方为尾；头为人体的最高点，也是离位的最高处，其下的脸面、颈项部以及胸部的中线等范围都可看作为外八卦的离位，也即任脉的中脘穴以上一定的中心区域都可看作离位；人体以躯干来说，会阴、尾骨为最低点，所以在任脉的中极以下的中心部位如曲骨、会阴等处皆可看作为外八卦的坎位。

"左三右七"，指的是左右腰胁部，三数为木居东方为左腰（实为右腰），八数为金居西方为右腰（实为左腰），定位以神阙为中心的腹横线大横穴以外的区域分别为震位和兑位。

"二四为肩"，二数为右肩居右外上隅坤位，凡中八卦坤位以外的右上腹、右胸、右肩、右臂和右手都属于外八卦的坤位；四数为左肩居左外上隅的巽位，凡中八卦巽位以外的左上腹、左胸、左肩、左臂和左手都属于外八卦的坤位。

"六八为足"，六数为右足居右外下隅的乾位，凡中八卦乾位以外的右下腹、右腹股沟、右股、右膝、右小腿和右足都属于外八卦的乾位；八数为左足居左外下隅的艮位，凡中八卦艮位以外的左下腹、左腹股沟、左股、左膝、左小腿和左足都属于外八卦的艮位。外八卦就是人体的大八卦，亦即人的整体八卦（见图九）。

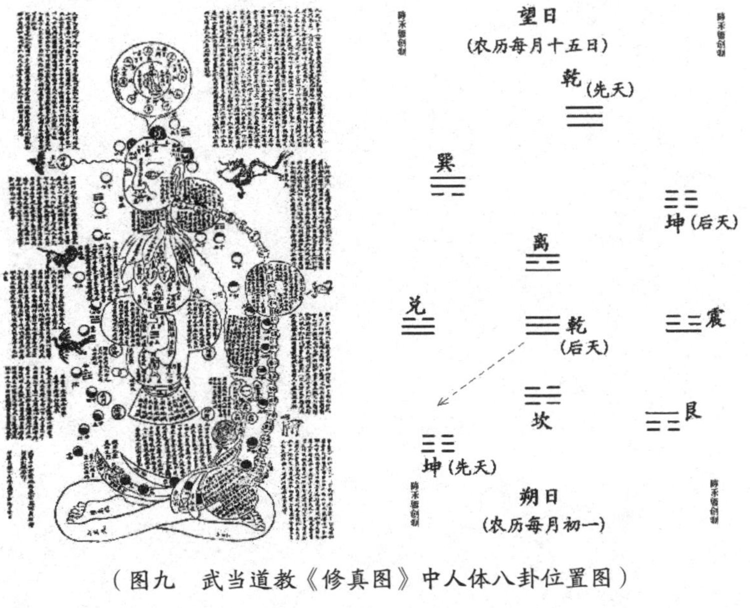

（图九　武当道教《修真图》中人体八卦位置图）

第二章

九宫旋转十二桩技法原则

第一节　桩法一般

桩法是中华传统武术特有的技击技能训练方法。这种技能包括人体骨架在静力、动力上的结构排列（即手型、步型、身型的功架），意、气、力的调控，格斗的战术布局等。其在形式上多以静止性的站立训练和上身肢体单式重复性动作，并结合简单的步法移动训练为主。

所谓人体骨架静力的结构排列，如长拳类的“弓步、马步、虚步”，南拳类的“永春桩、龙形桩”，太极拳的“无极桩”，形意拳的“三体式”等。静力结构是支架性结构，是静态的抗力体。

所谓的动态结构，如九宫旋转十二桩法，拳理偏重擒拿封闭、跌仆缠绊、抓筋打穴，因此在设计桩法时，以全身旋转的动态动力结构，实现缠绕的技击技法以及扣穴、拧腕、抓拿、点戳等方面的点穴、擒拿特点。

武当拳术、太极拳、形意拳、八卦掌等内家功夫尤为注重桩法锻炼，以此培养内在的“精气神、筋肌骨”，外在的“肩胯膝，手足肘”的整体配合能力。这种能力，内家拳练习者称之为“六合整劲”。

传统的桩法注重战术的布局，俗话说“摆个桩头，待他来破”。如古代少林棍法中的“四平势”，以半马步站立，拦腰持平枪，侧身的静态姿势对敌，这种姿势，拳谱有云：“中平枪，枪中王，高低远近都能防”；又如“潜龙势”，对手意图从上路扎枪进攻，我把棍尖下垂，静候，引对手从上路攻击头部，我好用挑枪或向上圈劈反击。为了达到最快、最有效的反击，在摆桩时，其姿势（功架）必须处于最佳的力学结构。

桩法锻炼追求心身合一，因此有修身养性的功效。最佳的人体动力结构，必须与筋、肌、神经和意念、呼吸紧密结合，而且，只有在意念的调控下，身体才会发挥出本能的、协调一致的威力。这种状态，其实就是导引的养生状态。因为有了技击的精确意念，人体的精、气、神、筋、骨、肉才能得到高度协调一致的发展，才能达到内强外壮，性命双修的境界。

第二节　九宫旋转十二桩法

九宫旋转十二桩法，是按照先天八卦图练功，即根据先天八卦图中的天地、水火、山泽、风雷等四对阴阳象数和中宫组成的八卦九宫十二格，推演出一套完整的武当太乙五行门内劲修炼法。练功时，根据十二桩法的动力属性，结合先天八卦方位旋转运功，采天地之灵气，集八方之精微培真补元，以顺应法道法自然的道家观念。这是道家的智慧结晶。

有幸得到金子弢师傅亲传九宫旋转十二桩法，而且至今仍保存当年的钢板刻写油印资料，其中桩法名称及行功路线比较直白。经过北京体育大学何振亚先生的整理，有了较大改观，但仍显不足。好在有道门挚友相助，有内家拳功理功法三十余年研究的专家学者鼎力帮忙，终于得以恢复昔日行功路线和更加贴切的桩法名称（见下表）。

九宫旋转十二桩法各掌名称修改表

金子弢审定培训教材名称	何振亚名称	陈永霞修改名称	说明	
1. 左右太极阴阳鱼	太极阴阳鱼	*太极*阴阳鱼	面南起于中宫	起式 无极生太极
2. 左右穿翻天旋掌	泥丸旋天掌	泥丸旋*天*掌	中宫向南入乾卦	太极生两仪
3. 左右掏腰地旋掌	黄庭转地掌	黄庭转*地*掌	乾卦向北入坤卦	
4. 左右抱球旋转掌	混元乾坤掌	玄冥分*水*掌	坤卦向西入坎卦	两仪生四象
5. 左右追风插指掌	九霄追魂掌	神光集*火*掌	坎卦向东入离卦	
6. 左右旋转莲花掌	地渊还魄掌	九*霄*追魂掌	离卦退入中宫面东演练	
7. 左右扣腕顶指掌	玄冥分水掌	*地*渊还魄掌	仍在中宫转身面西演练	
8. 左右旋转劈空掌	神光集火掌	*雷*电盘旋掌	中宫向东北入震卦	四象生八卦
9. 左右旋转搂空掌	逍遥遮日掌	大*泽*擒龙掌	震卦向东南入兑卦	
10. 左右括弧前推掌	空灵搂月掌	逍遥*风*云掌	兑卦向西南入巽卦	
11. 左右括弧歇步掌	顾盼追风掌	空*山*搂月掌	巽卦向西北入艮卦	
12. 左右盘旋云手掌	盘旋拨云掌	混元*归*一掌	艮卦退入中宫面北演练转南	后天返先天 收式

注：

1. 本次修改的各掌名称（见加黑斜体字），真正契合了八卦的属性和表现形式，其中“霄”字仍为天，从而实现了八卦中的两重“天地”，所以“九霄”与“地渊”放在中宫练，以使八卦的方位不重复。

2. “说明”中的行功路线，是将洛书中的后天八卦进行乾坤翻转并根据“宇宙左旋为生”原理实现的行功模型，实际上仍是在先天卦中演练，而且除中宫演练四桩外，其余每一宫演练一桩。这样设计的行功路线，才是符合道家太极、阴阳、五行、八卦理念的行功方法。这样设计的各桩名称及行功路线，既考虑了易经中“无极生太极、太极生四象、四象生八卦”的理念，而且起于太极，归于太极，符合道家修道的原则。所以最后一掌为“混元归一”，这里的“一”，即是“太一”、“太乙”，就是“太极”。

第三节　行功顺序及方位

1. 太极阴阳鱼——位于中宫，开始行功，面向南。
2. 泥丸旋天掌——从中宫上一步，入乾宫，面向南。
3. 黄庭转地掌——从乾宫左转身向后，上步入坤宫，面向北。
4. 玄冥分水掌——从坤宫左转身向左，上步入坎宫，面向西。
5. 神光集火掌——从坎宫左转身向后，上步入离宫，面向东。
6. 九霄追魂掌——从离宫左后退一步，回中宫，面向东。
7. 地渊还魄掌——从中宫右转身向后上步，回中宫，面向西。
8. 雷电盘旋掌——从中宫右转身向后上步入震宫，面向东北。
9. 大泽擒龙掌——从震宫右转身向右上步入兑宫，面向东南。
10. 逍遥风云掌——从兑宫右转身向右上步入巽宫，面向西南。
11. 空山搂月掌——从巽宫右转身向右上步入艮宫，面向西北。
12. 混元归一掌——从艮宫右后退一步，回中宫，面向北。

完成动作后右转身向南，双手环抱，收功（见图十）、（见图十一）、（见图十二）。

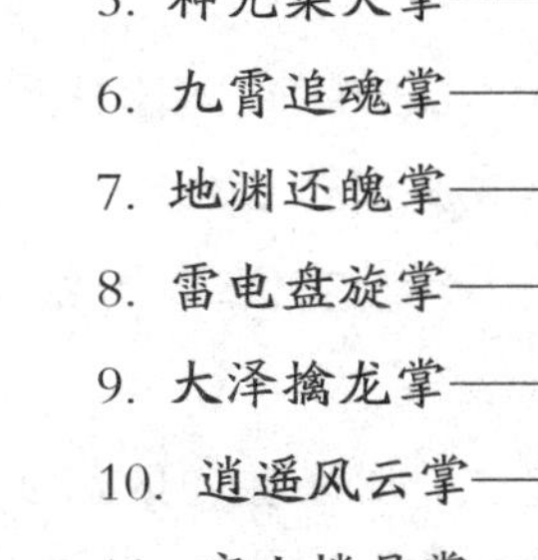

（图十　八卦方位与行功路线对照图）

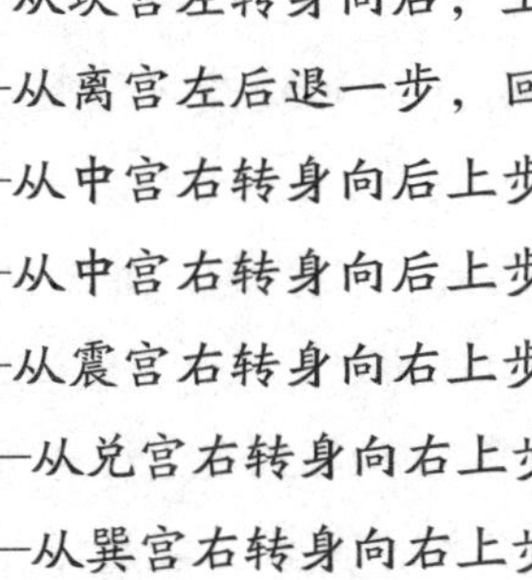

（图十一　后天返先天的行功路线图）

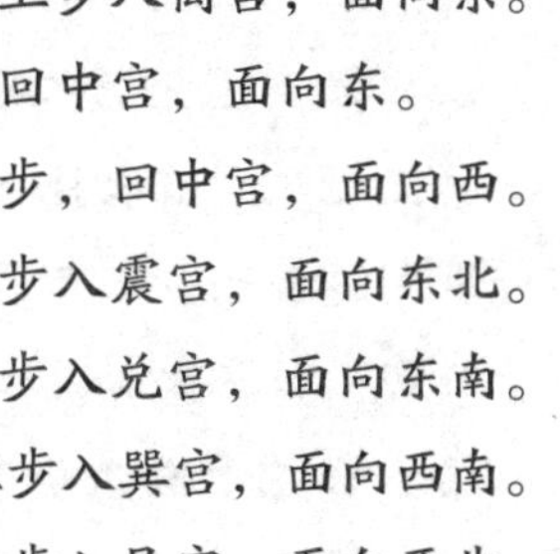

（图十二　十二桩在九宫图中的位置）

第四节　动作属性

武当太乙五行门的九宫旋转十二桩法是根据"阴阳生四象、四象生八卦"的十二个方位组成的。其中位于中宫的第一桩"太极阴阳鱼"、第六桩"九霄追魂掌"、第七桩"地渊还魄掌"、第十二桩"混元归一掌"，分别面向东、南、西、北四个方向，表示"太极生阴阳，阴阳生四象"的意义。

从四象产生出第二桩"泥丸旋天掌"面南，位于乾宫，性属元阳；第三桩"黄庭转地掌"面北，位于坤宫，性属元阴；第四桩"玄冥分水掌"面西，位于坎宫，性属水；第五桩"神光集火掌"面东，位于离宫，性属火，此四桩为东、南、西、北四正方。

第八桩"雷电盘旋掌"面向东北，位于震宫，性属雷；第九桩"大泽擒龙掌"面向东南，位于兑宫，性属泽；第十桩"逍遥风云掌"面向西南，位于巽宫，性属风；第十一桩"空山搂月掌"面向西北，位于艮宫，性属山，此四桩为西北、东南、西南、东北四隅方。

从中宫的四个方位加上四正四隅的八卦宫，构成九宫十二方位。

阴阳混元太极生，
乾坤运转天地成。
水火相济和心肾，
魂魄聚合求长生。
雷泽变幻见仙翁，
风山精华养灵神。

第五节 动力结构和技击意义

❶ 太极阴阳鱼

动力结构：以足跟为根，以脊椎为中轴，从踝至膝，拧胯、带腰至肩的垂直拧劲。技击意义：锻炼一种从头到脚的内敛的中轴旋转劲和下盘稳定性。

❷ 泥丸旋天掌

在以脊椎为轴，垂直拧劲的基础上，带动手臂向外旋转。锻炼一种向外运化和缠绕的能力。

❸ 黄庭转地掌

以上身背向的旋拧劲，带动手臂在背后从屈到直的旋转运化，锻炼手臂的化解能力和反臂缠绕能力。

❹ 玄冥分水掌

以撇身旋摆的转化力，带动手臂缠封、拿捏，同时提膝下跪。锻炼手臂缠封和腿部跪膝压肘的擒扑技能。

❺ 神光集火掌

在以脊椎为轴，垂直旋拧盘坐，带动手臂向外摆缠抱、手部小缠腕，同时戳掌。锻炼摆臂缠抱擒腕顶穴能力。

❻ 九霄追魂掌

在中轴旋转力的基础上带动手臂向上缠绕锻炼抱头及手指拿捏封喉筋穴的抓力。

❼ 地渊还魄掌

在垂直拧劲的基础上带动双手推掌和旋掌拧腕擒拿的能力。锻炼腕部的力量和灵活性。

❽ 雷电盘旋掌

在以脊椎为轴，垂直拧劲的基础上，带动手臂引化、缠腕。锻炼腕、指缠绕力。

9 大泽擒龙掌

在以脊椎为轴，垂直拧劲的基础上，双掌屈指扣腕内旋拧腕、戳指顶击。锻炼手腕灵活性和手指戳指的寸劲。

10 逍遥风云掌

脚反括弧步划圆，手足外摆的盘缠、反缠拧力。锻炼手足同时缠绕、擒拿、扑摔的技能。

11 空山搂月掌

脚正括弧步划圆，脚内扣绊缠坐胯的封绊韧劲。锻炼足腿胯部的协调性和向里缠绕的绊摔能力。

12 混元归一掌

以腰胯为中轴旋转。锻炼胸腹部位内敛的中心旋转力和肘腕擒拿扭合劲，这是一种“中丹田”的内劲功夫。

第六节 练功阶段及层次

九宫旋转十二桩法，练功分为三个阶段九层功夫。

第一阶段：调身

第一层功夫，初学阶段：注重外形模仿，动作姿势正确，演练时没有遗忘现象。

动作姿势包括“身型、手型、步型”。

1. 身型：

头平颈直。不低头，不仰头，不偏斜。

沉肩坠肘。不耸肩，不扣肩，不挺肘，不直臂。

含胸拔背。不驼背，不挺胸，不塌腰。

直腰坐胯。身体不倾不斜不仰不弯为直腰，腹部不挺，臀部不翘为坐胯。

2. 手型：（见后基本功法）

掌、指、爪等手型清楚。

3. 步型：（见后基本功法）

虎、熊、狮、鹿、雀、鸡、鹤、龙等步型正确。屈膝不过脚趾，不开裆。

第二层功夫，熟练阶段：动作的运动路线正确，演练时动作连贯、流畅。

动作定型规范，运动路线正确，走九宫八卦方位，动作转换圆顺。技击技法表达清晰。

第三层功夫，形体运动的深化阶段：动作圆浑，内劲导引脉络清晰。在九宫八卦中自然穿行。

劲力运用轻松、自然，平稳、沉着。运动过程没有附加外力；整体配合运动，没有四肢局部性的运劲。运动路线的起止，连贯过程分明。

第二阶段：调息

第一层功夫，动作与呼吸协调配合阶段。

呼吸自然、舒静、缓长、均匀。呼吸与动作之间逆顺、开合、阴阳间配合。动作开而呼、合而吸、一动一息、不先不迟。呼吸要均匀、绵长、柔和，不响声，不吹风，不闭气。

第二层功夫，以呼吸导引动作的阶段。

以呼吸带动动作，体现在运动状态：呼气时凝重，吸气时饱满。动作轻而不飘，重而不滞；舒而不张，松而不散。

第三层功夫，意气充盈于肢骸的深化阶段。

意气充盈表现在：体型端正，毫无凹陷之病态；姿态飘逸，毫无松弛之老态；动态敏捷，毫无僵滞之拙态。功深至此，一举手、一抬足都有一种健康的气息和完美的感染力。

第三阶段：调心

第一层功夫，意念专注于穴位。

行功时，思想集中，意识专一，专注某一穴位，关注穴位的表达能力清楚，动作的目的感强烈，着力点精确，完成动作有入木三分的外观感。

第二层功夫，意念导引，行走于经脉。

运动路线，方向和起止过程表达能力清楚，一个动作的完成，能表达出整个过程的顺序，全身运动时，动力结构整合的合理性。意念行走于经脉，舒筋活络，既是达到养生目的，也是功力锻炼的辅助手段以达到培养完整内劲的目的。演练时，全身运动有紧密结合的网络联系观感。

第三层功夫，意识导引采放，意气浑然一体。

演练时动态飘逸如自发，神态深沉如入定。动作的稳重和轻灵如巨轮航海，动作的气势和力势如天体漩涡。

第七节 练功时间和次数的阶段性安排

初学第一阶段

1. 每个桩法单式练习。

初学者根据自己的能力，每次练习可以左右各做九次、十二次或十五次。练功目的是调整功架和熟练动作。

2. 原地整套练习。

每个桩法左右各做一次为一套。根据个人情况，每次练习可以练三套、六套或九套、也可以每个桩法左右各做三次、六次和九次为一套。目的是熟识整套功法。

初学第二阶段

1. 走九宫八卦图。

两手环抱，按九宫旋转十二桩法的八卦图行走，根据个人情况，每次练习可以走三圈，六圈或九圈。目的是熟识十二个桩法在九宫中行走路线和方位。

2. 走九宫八卦方位，整套练习。

在九宫的方位上，每个桩法左右各做一次为一套。根据个人情况，每次练习可以练三套、六套或九套，也可以按每个桩法左右各做三次，六次或九次为一套。目的是熟练十二桩法在九宫方位中旋转。

初学第三阶段

1. 调息阶段的练习，按照呼吸配合要求，每个桩法左右各做一次的整套练习，完成整套桩法大约十二分钟。根据个人情况可练习三套、六套或九套，也可以按每个桩法左右各做三次、六次或九次为一套。

2. 调心阶段的练习，按照意念导引要求，每个桩法左右各做一次的整套练习，完成整套桩法大约十二分钟。根据个人情况可练习三套、六套或九套，也可以按每个桩法左右各做三次、六次或九次为一套。

3. 练功时最好闭目凝神，动作、呼吸、内劲随意念而行。

第八节　基本功法

（一）手型

01 八字掌：五指伸直，拇指外展，四指并拢，虎口撑圆，形如八字（见图 2-1）。

（图 2-1）

02 扣指掌：拇指屈扣虎口，四指并拢伸直（见图 2-2）。

（图 2-2）

03 虎爪掌：拇指外展弯曲，四指并拢二三节指关节弯曲（见图 2-3）。

（图 2-3）

（图 2-4）

04 龙爪掌：五指自然分开，二三节指关节弯曲（见图 2-4）。

（二）手法

01 戳掌：扣指掌型直腕向前顶击，劲贯指尖（见图 2–5）。

（图 2–5）

（图 2–6）

02 砍掌：扣指掌型向旁横击，劲贯掌外沿（见图 2–6）。

03 垂掌：扣指掌型手腕上提指尖向下点击，劲贯手腕（见图 2–7）。

（图 2–7）

04 穿掌：扣指掌型向里内向外旋转 360 度，劲贯掌指（见图 2–8）。

（图 2–8）

（图 2-9）

05 插掌：扣指掌型向下或斜下插，劲贯指尖（见图 2-9）。

（图 2-10）

06 按掌：八字掌型由上向下按，劲贯掌心（见图 2-10）。

（图 2–11）

07 劈掌：扣指掌型由上向下或由下向斜上方侧掌劈击，劲贯掌外沿（见图 2–11）。

（图 2–12）

08 缠手：正缠手八字掌型以腕关节为轴，手掌由里向上、向外、向下缠绕，虎口朝上封闭，劲贯五指，反缠手动作相反（见图 2–12）。

09 擒扑手：八字掌型双腕相贴，以腕关节为轴，双掌外旋封闭，右掌变虎爪掌，劲贯五指，右擒扑手动作相反（见图 2–13）。

（图 2–13）

10 靠肘：八字掌型屈臂内旋上举向后靠压，掌心朝外，劲贯肘尖，右靠肘动作相反（见图 2–14）。

（图 2–14）

（三）步型

01 虎步裆（马步）：两手插腰，两脚开立，略比肩宽，脚尖微内扣，肘尖与足跟，上下相对，屈膝略蹲，大腿成 45 度斜面（见图 2–15）。

（图 2–15）

（图 2–16）

02 熊步裆（弓步）：前脚微内扣，全脚着地，屈膝略蹲，大腿成 45 度斜面，膝与足尖垂直，后腿自然挺膝蹬直，脚尖内扣全脚着地（见图 2–16）。

（图 2-17）

03 狮步裆（仆步）：一腿屈膝重心后坐（全蹲或半蹲），另一腿挺膝伸直，双脚全脚掌着地，脚尖内扣（见图 2-17）。

（图 2-18）

04 鹿步裆（横裆步）：一腿屈膝略蹲，大腿成 45 度斜面，另一腿挺膝伸直，双脚全脚掌着地，脚尖内扣（见图 2-18）。

05 鸦雀裆（虚步）：后脚斜向前，屈膝略蹲，大腿成 45 度斜面，前腿自然挺膝伸直，脚尖内扣，全脚着地（见图 2–19）。

（图 2–19）

06 含鸡裆（丁步）：两腿半蹲，一脚全脚着地支撑，另一脚脚尖点地，两脚相距约一拳（见图 2–20）。

（图 2–20）

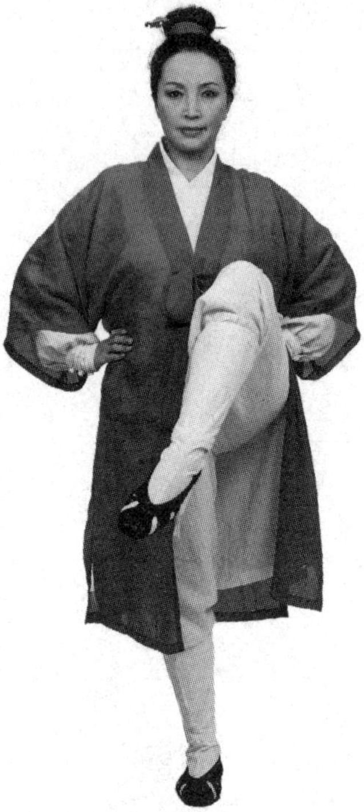

（图 2-21）

07 鹤步裆（独立步）：一腿直立支撑，一腿在身前屈膝提起，高于胯平，脚尖自然向下（见图 2-21）。

08 盘龙裆（歇步）：两腿交叉屈膝全蹲，前脚全脚着地，脚尖外展，后脚脚跟离地，臀部坐于小腿上，接近脚跟（见图 2-22）。

（图 2-22）

（四）步法

01 上步：一脚向前迈半步或一步（见图 2–23）。

（图 2–23）

（图 2–24）

02 进步：两脚各向前迈一步（见图 2–24）。

（图 2-25）

03 退步：一脚向后退一步（见图 2-25）。

（图 2-26）

04 摆步：脚尖外摆上步，与后脚成八字（见图 2-26）。

（图 2-27）

05 扣步：脚尖内扣上步，与后脚成八字（见图 2-27）。

（图 2-28）

06 正括弧步：一脚支撑，一脚前脚掌着地按顺时针划圆（见图 2-28）。

07 反括弧步：一脚支撑，一脚前脚掌着地按逆时针划圆（见图 2-29）。

（图 2-29）

08 插步：一脚从支撑脚后斜叉落地（见图 2-30）。

（图 2-30）

09 跪步：一腿屈膝下蹲，一腿屈膝下跪接近地面，前脚掌着地，臀部坐于跪膝小腿上（见图 2–31）。

（图 2–31）

10 **碾步**：脚跟为轴，脚尖外展或内扣，脚前掌为轴，脚跟外展或内转（见图 2–32、2–33）。

（图 2–32）

（图 2–33）

（五）腿法

（图 2–34）

01 蹬腿：支撑腿直立或微屈，另一腿屈膝提起蹬出，腿伸直脚尖上勾劲贯脚跟，脚高过腰（见图 2–34）。

（图 2–35）

02 踹腿：支撑腿直立或微屈，另一腿屈膝肢提起踹出，腿伸直脚尖勾起外摆和内扣，劲贯脚掌，高踹与腰平，低踹与膝平（见图 2–35）。

03 铲腿：支撑腿直立或微屈，另一腿屈膝提起铲出，腿伸直脚尖内扣，脚掌朝下，劲贯脚外沿（见图 2-36）。

（图 2-36）

04 撩腿：支撑腿直立或微屈，另一腿在身后屈膝使小腿向里侧撩起，脚掌朝上，脚面绷平，劲贯脚前掌（见图 2-37）。

（图 2-37）

（六）身型

头平颈直，虚灵顶直，沉肩垂肘，含胸拔背，松腰坚脊，缩胯敛臀，体态自然。

（七）身法

体型端正，不偏不倚，肩胯相对，腰随胯转，周身圆活，松柔和缓，完整一气。动如蛇之行，柔似蚕作茧。

（八）眼法

凡动作变化，两眼应与手法、步法、身法协调配合，做到“势动神随，意识集中，形神合一，神态自然”。定势时，眼平视前方或注视手；动势时，手眼相随或向预定前去的方向注视。

第三章

九宫旋转十二桩法动作图解

第一节　起势

一、起势的经络养生机要

此式通过脚尖的外展和脚跟内扣，使混元一气，转为阴阳二气。犹如太极拳，形体一动，即牵动太极而化生两仪。足部的一展、一扣之间，必然牵动足三阴经和足三阳经的气血运行。这里便有一阴一阳两条经脉上下相向而行，即足少阴肾经由足下涌泉穴上升至肩部俞府穴，成为阴升的启动脉；而足少阳胆经则由目外眦的瞳子髎下降至足部第四趾外侧端的足窍阴穴，与足少阴肾经相反，成为阳降的起始脉。由此形成十二经脉流注顺行的太极图（见图十三）。

此种预备式，握固内视，塞兑闭听，其外与天地相接，其内一团和气，是“道生一”的“道”的层次，是养生的最佳调形式。此后神意一转，便由无极生太极，便是“一”的层次。九宫旋转十二桩，根据先天八卦图的方位进行练习。起势位置在中宫内的正南方向。

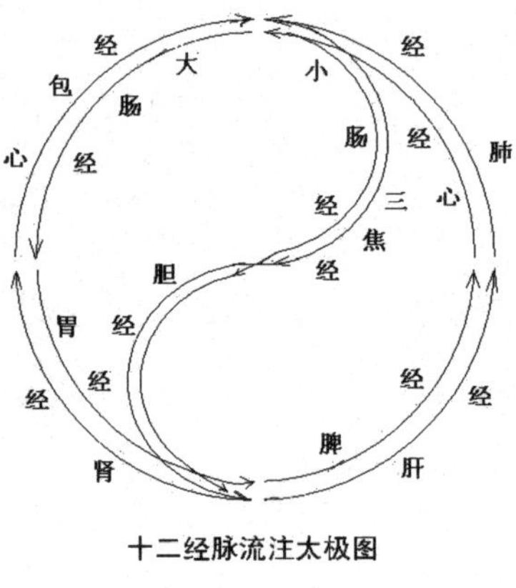

十二经脉流注太极图

（图十三　十二经脉流注顺行的太极图）

二、起势动作

➡ 预备式（并步站立）

动作：面南背北，两脚并立。两手握固下垂，轻贴大腿两侧（见图 3–1）。

呼吸：轻柔、缓慢地吸气，吸气时收腹，使气上提。

意念：吸气同时，使意念从尾闾开始，沿着腰椎向上引导，直达头顶百会穴。

（图 3–1）

练功意义：通过吸气实现虚灵顶劲的要求，使意念从督脉上提，加强中轴内劲。

➡ 起势 1

动作：接上动。腰眼命门向后顶出，两膝微屈，同时两肩向前微收，使背部向后撑圆，成含胸拔背身型（见图 3–2）。

呼吸：缓慢地呼气，呼气时腹部放松，使气下沉至腹部。

意念：呼气时，使意念从百会沿着鼻尖往下，顺着任脉到达腹部的丹田穴。

（图 3–2）

练功意义：通过呼气，实现气沉丹田的要求。此时，因腰胯后顶，形成胸、腹部内收的含胸拔背形状，与两膝微屈相连接，使全身连成一个“S”的弓形支撑力结构，使全身的力量连成一个刚柔相济的整体。

养生意义：督脉穴位有28个，行走在人体背后的正中，督领全身的阳经，统摄全身阳气和真元（见图十四）。任脉行走在人体腹部正中，总调全身阴气和气血（见图十五）。

由此可见，任督二脉对于统摄全身的气血阴阳有着非常重要的作用。

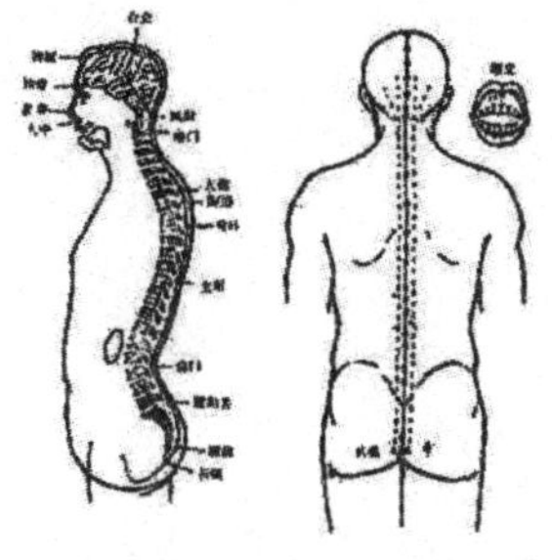

（图十四　督脉图）

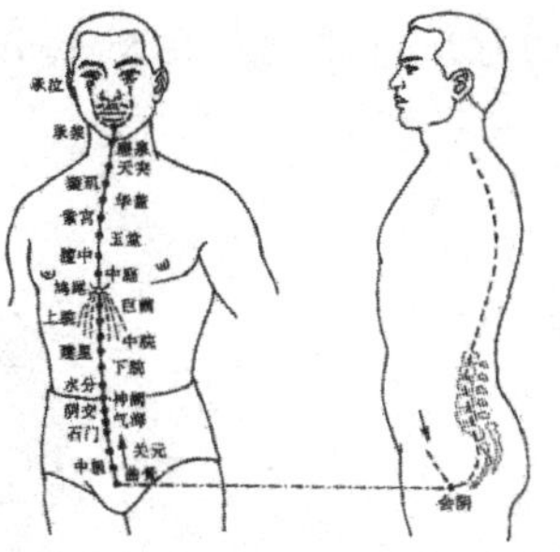

（图十五　任脉图）

➡ 起势2（开立步）

动作：接上动。两脚以脚跟为轴，两脚尖向左右两侧外展各45度角（见图3-3）。

动作要领：以吸气带领双脚掌缓慢外展。保持从脚跟到头顶的垂直中线不变。

呼吸：吸气。

意念：意念从涌泉起向后背往上导引至头顶的百会穴。

练功意义：意念在督脉的升提感觉。

（图3-3）

➡ 起势 3

动作：接上动。双脚以前脚掌为轴，两脚跟向左右两侧外展。同时双腿微屈，使两膝内扣（见图 3-4）。

动作要领：以呼气带领双脚根缓慢展开，扣膝力在两大腿外侧。

呼吸：呼气。

意念：意念从百会经体前的任脉往向下引至小腹的丹田部位。

练功意义：意念在任脉的下沉感觉。

（图 3-4）

➡ 起势4

动作：双手向前向上，肩带动手臂上举，与肩宽，与肩高（见图3-5）。

动作要领：双臂轻松、自然地在气的带动中向上举起。

呼吸：吸气。

意念：意念从十指指端引导双臂上举。

练功意义：练习“以意导气，以气引动”的运动形式。

（图3-5）

➡ 起势 5

动作：双臂屈曲，双肩微向上向后向下，双肘下沉，双掌上翻回收至肩前，掌心和拇指向前，虎口相对（见图 3-6）。

动作要领：双掌要在与肩同高的平衡线上翻坐腕回收，十指自然、放松。

呼吸：呼气。

意念：意念从身体前方往胸前（中丹田）回收。凝神聚气。

练功意义：虽然呼气，但意念更为聚集，因此这种聚气，不是呼吸之气。

（图 3-6）

➡ 起势6

动作： 双臂缓缓前伸，使双掌向前推出，虎口相对，掌心和拇指向前（见图3–7）。

动作要领： 推掌时肘尖不沉不抬，使双臂自然撑开，让意念清晰直达指端。

呼吸： 吸气。

意念： 意念从后背沿着双肘肘底绕过尺骨，从挠骨向双掌的拇指、食指、中指，直达指端。

练功意义： 掌握“力从背发，用意不用力”的要领。

（图3–7）

➡ 起势 7

动作：双臂微屈成圆弧，两掌十指相对，掌心向下（见图 3–8）。

动作要领：全身自然放松，使内劲浑然一体，双脚十指抓地。

呼吸：呼气。

意念：聚集在劳宫穴。

练功意义：布气全身，浑然一体。

（图 3–8）

➡ 起势 8

动作：接上动。双膝微屈下蹲成虎步裆（马步），同时双掌下按置于胸肋间前，十指尖相对两臂成圆弧形（见图 3-9）。

动作要领：屈膝有高、低两种。低式练柔韧，高式练内劲，但是提裆、直腰的身型不变。开始行功时，站立的高低桩要尽量保持一致，运行在一水平线上。

呼吸：接上动，继续呼气。

意念：意念灌注于丹田。

练习意义：练习行功前的凝神聚气。

（图 3-9）

起势共有 8 个动作，练习时，意念要求清晰、准确运行到位。用逆腹式呼吸，要随着意念活动深沉、缓慢地进行。

逆腹式呼吸的方法：

1. 呼吸的全过程用舌尖轻轻顶着上颚。

2. 吸气时，把注意力集中在收腹，让气往中丹田（中脘）部位灌注的过程，如此可以减弱从鼻孔吸进的气，甚至完全感觉不到鼻子吸气，反而感觉是用肚脐吸气。

3. 呼气时，松腹，气往下丹田（小腹）部位下沉。全身放松。

第二节　第一桩太极阴阳鱼

太极阴阳鱼图是中国道教的一个标志。据实证，最早的太极图是南宋的张行成所创，他在乾道二年（1166 年）向宋孝宗进呈易学七术，其中《翼玄》载有太极阴阳鱼图。据说此图与五代华山道士陈抟（872–989）有关。后来北宋的周敦颐为此图撰写《太极图说》，太极拳理论是根据《太极图说》而创立的。

也有人认为，太极阴阳鱼图最早的构思来源于《易经》，东汉时代的魏伯阳为解释太极阴阳的易变规律，著有《周易参同契》，后人为此作了许多图解，其中陈抟的太极阴阳鱼图最为流行。《周易参同契》是道家修炼内丹的重要经典。

太极阴阳鱼桩法，以丹田运转为法，通过腰胯左右对称“∞”字形的水平旋转，锻炼上、中、下三个丹田垂直一线成轴心旋转运动，使所有阴阳相对的拧劲不离轴心，这种拧劲是擒拿技法的关键。太极阴阳鱼庄法同时对通督脉起到很好的作用。

练功时，站立位置还在中宫南向。

➡ 第一桩 1

动作：双掌在上腹前向左作弧形磨盘状，同时左胯外展重心移向左脚，左肩、胯随势向左转 90 度，成熊步裆（左弓步），面向正东（见图 3-10）。

动作要领：盘掌的外圆与中轴的内圆要平衡一致。

呼吸：吸气。

意念：从百会穴向下，经会阴再向下至左脚的涌泉穴，脚底生根。当重心全部移到左腿时，左脚涌泉穴和会阴、百会连成一线。

练功意义：锻炼中轴拧劲和下盘稳定性。

（图 3-10）

➡ 第一桩 2

动作：接上势。双掌回收至腹前，指尖相对。同时右膝弯曲，身体后坐，成鸦雀裆（左虚步），使重心完全落在右腿上（见图3-11）。

动作要领：后坐时直腰，坐胯，使身体重力从脚跟往右大腿外侧上顶。

呼吸：呼气。

意念：百会、会阴、右脚涌泉穴连成一条垂直线。

练功意义：同上。

（图 3-11）

➡ 第一桩 3

动作：接上动。重心不变，双掌不动。以胯部带动上身向右后转 180 度，成熊步裆（左弓步），面向正西（见图 3-12）。

动作要领：以胯带动身体作中轴旋转。

呼吸：吸气。

意念：意念从涌泉螺旋式向上，与会阴、百会拧成一条垂直的旋转劲。腹部有空涨、拧转的感觉。双脚有入地三尺之感。

练功意义：同上。

（图 3-12）

➡ 第一桩 4

动作：接上动。与图 3-11 相同，唯方向相反。（见图 3-13）

动作要领：同第一桩 2 式。

呼吸：同第一桩 2 式。

意念：同第一桩 2 式。

练功意义：同第一桩 2 式，唯动作方向相反。

（图 3-13）

➡ 第一桩 5

动作：接上动。双掌不动，左足蹬地，使重心略微移向右腿，同时上身向左、向前转动，成开立步中式，面向正南（见图 3–14）。

动作要领：松腹，直腰。保持垂直轴转。

呼吸：吸气。

意念：意守涌泉，全身浑然一体。

练功意义：同上。

（图 3–14）

（图 3–15）

➡ 第一桩 6

动作：上动不停，双掌向左右两侧张开，向上捧起双臂环抱，置于胸前，掌心相对（见图 3–15）。

动作要领：双臂缓缓捧起抱球收气。

呼吸：吸气。

➡ 第一桩 7

动作：接上动，双膝微屈，同时双掌下移置于上腹前，指尖相对，站桩式（见图 3–16）。

呼吸：呼气。

意念：意念灌注于丹田。

练习意义：一式结束后，准备下式前的凝神聚气。

（图 3–16）

这是第一桩的完整动作。在练功时，要根据自己的需要，或单式连练，或整套练习。单式连练的作用在于强化、深化桩法的精确性和凝聚力。整套练习的作用在于整套的熟练记忆和收获的养生效果。

第三节　第二桩泥丸旋天掌

“泥丸”在眉心与后脑之间，意为神灵所在之地。武当山道教《修真图》云：“印堂入内一寸为明堂，再入一寸为洞房，再入一寸为泥丸。”泥丸宫也被称作上丹田，居九宫之中央，藏一身之总神，控制着人体一生的生物钟。明代著名中医张景岳（1563—1640）在《类经》注道：“人之脑为髓海，是谓上丹田，太乙帝君所居。”《修真十书》云：“夫脑者，一身之宗，百神之会，道合太玄，故曰泥丸。”

此桩练习是双掌牵引着经络真气，从脚掌的涌泉向头顶的百会运行贯通的动势，中途在膻中部位分支流向手掌的劳宫，又在手掌的导引下，灵活运用盘旋向上的拧劲，以便更加有效的拉抻人体经络。从技击意义讲此桩法锻炼力起脚根，气聚中轴，螺旋顺化的全身整合力，可以培养向外顺化以及向内收敛的缠绕劲；从养生角度，因为这种从下向上，从涌泉到劳宫的锻炼形式、意念和运动路线要经过足少阴肾经、足太阳膀胱经和督脉等相关经络和穴位，主要意念在手太阴肺经，因此对人体的肾、肺、脊椎都有良性刺激，可以减轻胸闷、感冒、咳嗽和支气管炎、肩周炎等疾病。

泥丸位于上丹田，练功时站立位置在乾宫，与乾宫纯阳之气相符。

➡ 第二桩 1

动作：重心移向左脚，同时左掌翻转，手臂向前上方伸出，掌心向上，然后，力从脚掌的涌泉穴起，带动踝膝，腰胯、肩臂向正左方向旋转，成熊步裆（左弓步），面向正东（见图 3–17）。

动作要领：力发于脚，由手掌带动全身旋转。

呼吸：呼气。

意念：从涌泉穴经足少阴肾经，在中丹田（膻中），把意念引向手太阴肺经，到少商穴。

练功意义：连接内劲的通道，使手足配合在同一的运动力场。

（图 3–17）

➡ 第二桩 2

动作：上动不停，身体继续向左后方拧转（见图 3–18）。

动作要领：左脚五指紧抓地面不移动，颈项虚灵上顶，肩、胯尽量向左后方拧转成 90 度。

呼吸：继续保持呼气。

意念：把意念从劳宫回收膻中穴，同时从会阴到百会形成一条缠拧的螺旋劲。

练功意义：把劲拧到极点，组织反拧劲。

（图 3–18）

➡ 第二桩 3

动作：接上动，重心保持在左脚，身体向右转，左臂内旋，使左掌置于头顶，掌心向上，指尖向右（见图3–19）。

动作要领：以胯带领全身转动，全身放松。

呼吸：吸气。

意念：意念把劳宫穴，百会与涌泉连接成一条垂直线。气往下沉。

练功意义：锻炼缠绕拧劲和运化力。

（图 3–19）

➡ 第二桩 4

动作：接上动，重心保持在左脚，身体再向左转，面向东方（见图 3-20）。

动作要领：左脚脚指紧抓地面不移动，颈项虚灵上顶，左肘、肩、胯尽量向左后方拧转。

呼吸：呼气。

意念：与上动相同。

练功意义：与上动相同。

（图 3-20）

➡ 第二桩 5

动作：接上动，重心不变，左臂自然下垂置于腹部左侧，掌心向下，指尖相对（见图 3–21）。

动作要领：身体不动，左臂在呼吸、意念的带领下，缓慢下垂。

呼吸：吸气。

意念：把意念从上往下引导回归下丹田部位。

练功意义：凝神聚气，意守丹田。

（图 3–21）

➡ 第二桩 6

动作：上动不停，身体后坐使重心落在右脚上（见图3-22）。

（图 3-22）

动作要领：身体向后时，右脚跟与会阴、百会连成一条垂直线，双脚脚趾紧抓地面。

呼吸：先呼气，然后吸气。

意念：与上动相同。

练功意义：与上动相同。

（图 3–23）

➡ 第二桩 7

动作：意念，动作要领等与图 3–18 相同，唯动作方向相反（见图 3–23）。

（图 3–24）

➡ 第二桩 8

动作：意念动作要领等与第二桩 2 式相同，唯动作方向相反（见图 3–24）。

➡ 第二桩 9

动作：意念动作要领等与第二桩 3 式相同，唯动作方向相反（见图 3-25）。

（图 3-25）

（图 3-26）

➡ 第二桩 10

动作：意念动作要领等与第二桩 4 式相同，唯动作方向相反（见图 3-26）。

➡ 第二桩 11

动作：意念动作要领等与第二桩 5 式相同，唯动作方向相反（见图 3–27）。

（图 3–27）

（图 3–28）

➡ 第二桩 12

动作：意念动作要领等与第二桩 6 式相同，唯动作方向相反（见图 3–28）。

➡ 第二桩 13

动作： 接上动，身体转正，双掌按于腹前体侧，重心在两脚之间，成开立步中式，面向正南（见图 3–29）。

动作要领： 松腹，直腰。保持垂直。

呼吸： 吸气。

意念： 意守丹田，全身浑然一体。

练功意义： 同上。

（图 3–29）

➡ 第二桩 14

动作：上动不停，双掌向左右两侧张开，向上捧起双臂环抱，置于胸前，掌心相对，面向正南（见图 3–30）。

动作要领：双臂缓缓捧起抱球收气。

呼吸：吸气。

（图 3–30）

（图 3–31）

➡ 第二桩 15

动作：接上动，双膝微屈，同时双掌下移置于腹前，指尖相对，站桩式（见图 3–31）。

呼吸：呼气。

意念：意念灌注于丹田。

练习意义：一式结束后，准备下式前的凝神聚气。

第四节　第三桩黄庭转地掌

“黄庭”，指中丹田，亦名规中、土釜。因其黄色为土，既是结胎之处，又是养胎之所，而且黄庭处于人身之正中，犹如“田”字的中心;“庭”乃阶前空地，故名为“黄庭”，即表示中空之意。“地”，就是下丹田；“转地”，就是将体内真气由中丹田运行到下丹田。

下丹田，乃西南坤地，为道家炼精化气之所在，故而练功时尤为重视。动功的练习，比较注重腹式呼吸，如胎儿在胎内以脐带呼吸，渐渐引出胎息功夫。胎息者如老子所说：归根曰静，是为复命。

魏晋期间，道教有《太上黄庭内景玉经》及《太上黄庭外景玉经》两本经书。此经以道教“思神守一，宝精爱气”之说与古代医家脏腑理论相结合，阐述修炼长生成仙之术。经中又言及漱津咽液、吐纳元气等多种方法，以此积精累气，早入大丹途径。

此式黄庭转地掌，面向正北方，坤宫。其与第二桩泥丸旋天掌相对，并紧接泥丸旋天掌进行演练，故有由泥丸到黄庭，再到下丹田的练功次序，以此连通髓海、气海、血海之神、炁、精，进而带动全身迅速进入良性的内动状态。

此桩练习是从腰腹部位的下丹田发起，沿着腰围的带脉横行一周，再向腰背的督脉上行，经肩胛骨部位的大椎穴入手太阳小肠经，从手臂外侧到达小指末端的少冲穴，在手臂旋拧的导引下，作缠绕运动。从技击意义上讲此桩法锻炼螺旋顺化力，是一种化解手臂擒拿的技法；从养生角度讲，因为意念导引经过腰间的带脉，背部的督脉和手部的手太阳小肠经，对肩、腰、腹、背有锻炼意义，可以减轻减少肩部和腰腹背部的部分疾病。

➡ 第三桩 1

动作：腰胯向右稍微转移，使重心偏向右脚，上身随即向右前方略为倾斜，同时左臂屈臂屈掌背向左侧伸展，前臂内旋，使掌心向上（见图 3-32）。

动作要领：以腰胯的旋转带动上身右移，因为上身移动，顺势带动手臂旋动。

呼吸：呼气。

意念：从丹田向前，向右腰，再向后，向左腰，围绕带脉一圈，然后向上，经肩胛骨部位的大椎穴入手太阳小肠经，从手臂外侧到达小指末端的少冲穴。

练功意义：锻炼以全身配合的螺旋顺化及缠绕能力。

（图 3-32）

➡ 第三桩 2

动作：紧接上动，腰胯向左转，带动上身和左肩向左（正西）旋拧，左手在身体旋拧的同时向上举，置于头顶，手臂自然弯曲，肘尖向外，掌心向上（见图 3-33）。

动作要领：手臂上举要以左肩带动，重心保持在左脚。

呼吸：吸气。

意念：集中在掌心和转掌动作。

练功意义：与上动相同。

（图 3-33）

➡ 第三桩 3

动作：上动不停，腰胯，上身从左向右旋转，面向西北。左手在身体旋转的同时，前臂外旋，使左掌向右、向后、向左下划弧，置于左肩前上方，肘尖向下，掌心向上（见图 3–34）。

动作要练：手臂的旋转，要以左肩带动，沉肩坠肘，重心保持在左脚。

呼吸：呼气。

意念：集中在从脚跟到头顶的中轴转动。

（图 3–34）

➡ 第三桩 4

动作：上动不停，身体继续向右转向正北方时，再向左反旋90度，面向正西，与此同时，左臂随身体右转向前，当身体反旋的同时，前臂内旋，翻掌向左下划弧，置于左腹前，掌心向下，十指相对（见图3–35）。

动作要领：与上动相同。

呼吸：与上动相同，继续呼气。

意念：与上动相同。

（图3–35）

➡ 第三桩 5

动作：接上动，右膝弯曲，使身体重心向后移动（见图 3–36）。

动作要领：直腰坐胯，右腿大腿肌肉绷紧、上撑。

呼吸：吸气。

意念：意守下丹田。

练功意义：虚灵顶劲，气沉丹田，练习在身体垂直的状态中平稳地移动重心。

（图 3–36）

➡ 第三桩 6

动作、要领、呼吸、意念、练功意义等，与第三桩 1 式相同，唯方向相反（见图 3–37）。

（图 3–37）

（图 3–38）

➡ 第三桩 7

动作、要领、呼吸、意念、练功意义等，与第三桩 2 式相同，唯方向相反（见图 3–38）。

(图 3-39)

➡ 第三桩 8

动作、要领、呼吸、意念，练功意义等，与第三桩 3 式相同，唯方向相反（见图 3-39）。

(图 3-40)

➡ 第三桩 9

动作、要领、呼吸、意念、练功意义等，与第三桩 4 式相同，唯方向相反（见图 3-40）。

➡ 第三桩 10

动作、要领、呼吸、意念、练功意义等，与第三桩 5 式相同，唯方向相反（见图 3-41）。

（图 3-41）

（图 3-42）

➡ 第三桩 11

动作、要领、呼吸、意念、练功意义等，与第三桩 6 式相同，唯方向相反（见图 3-42）。

（图 3-43）

➡ 第三桩 12

动作：上动不停，成开立步，位于坤宫北向，双掌向左右两侧张开向上捧起，双臂环抱，置于胸前，掌心相对（见图 3-43）。

动作要领：双臂缓缓捧起抱球收气。

呼吸：吸气。

➡ 第三桩 13

动作：接上动，双膝微屈，同时双掌下移置于胸腹前，指尖相对，站桩式（见图 3–44）。

呼吸：呼气。

意念：意念灌注于丹田。

练习意义：一式结束后，准备下式前的凝神聚气。

从第三桩 1~4 的动作，是一组连续动作，练习时要缓慢沉稳，连绵不断。特别要注意反复拧腰时意念带动带脉的横向盘旋，以及带动左掌作"8"字形状的转掌运动。这是锻炼内劲带动外形的内家拳功夫。

（图 3–44）

第五节　第四桩玄冥分水掌

玄冥是中国古代一位神的名字，就是大禹的父亲。后来由龟而延伸为水神、冬神、北方之神，即玄武，进而专用于玄天上帝，即真武大帝。而道家内丹学中，北方水，即为坎水，专指肾中所藏的先天之精气，它是炼内丹小药。故而将玄冥名之为肾神。《黄庭内景经·心神》中说："肾神玄冥，字育婴。又为丹田之异名。"梁丘子注："肾属水，故曰玄冥。"到唐代以后，玄冥也有被用来称为冬季的。因为冬季为藏，色黑，与肾之属性相符，故而又名之为冬神。

中医认为，肾主藏精，主发育、生长、生殖。肾，左为肾门，右为命门，元阳、元阴藏于其中。肾主骨，骨生髓。而脑为髓之海，所以肾精足，自然精力充沛，神思敏捷，记忆力增强，筋骨强健，行动轻捷。肾的经络是足少阴肾经与足太阳膀胱经互为表里。

道家认为通过内炼，使精气充足以后，不但元阴、元阳可以互济互根，肾水还可以上升与心火相济。如此，因心肾不交而造成的心悸失眠、遗精等病症，就可得到改善，而且心的协调脏腑的功能也可随之而加强。元阴的充足，在炼功中还常常表现为口中产生大量津液，这种口津能够灌溉脏腑，润泽皮肤，吞咽而不吐，则肾水充旺，颜色不槁，足以降火养心。

本桩式是托掌提膝，深蹲盘坐，其运动形式升降幅度大，对腰腿力量的锻炼意义较大，而腰腿的强健，反映了肾脏的健康。从意念导引方面进行锻炼，能较强烈的刺激从涌泉到俞府的足少阴肾经和从肺部支脉，联络心脏，进入手厥阴心包经的劳宫穴。因此吻合锻炼肾脏的意义。

阴跷脉和阳跷脉在练功中十分重要，过去称之为"通仙之路径”，因此练好阴跷脉和阳跷脉，不仅可以防治月经不调、咽干喉痛、嗜睡和头痛眩晕、癫狂、目内眦赤痛、不眠等病症。在技击意义上，锻炼手指扣穴抓腕和提膝压肘的擒拿技法，也锻炼提膝防守、跪膝擒拿的技法。

本桩法行功位置在正西方，在八卦图里的坎宫，属水。

➡ 第四桩 1

动作：接第三桩 13 式，重心移向右腿，然后左膝向前上方提起，膝尖高于胸平，同时，左手向右、向上划弧置于头顶，掌心向外（见图 3–45）。

动作要领：手、膝一致，同时完成动作，重心要稳。

呼吸：吸气。

意念：重心移向右腿时，意念从左脚涌泉穴经腿后部位的足少阴肾经向上，在提膝的同时，意念从心、肺部位沿着手臂的手厥阴心包经到达掌心的劳宫穴。

技击意义：提膝阻击对手用腿攻击。

（图 3–45）

第四桩 2

动作：紧接上动，左脚外撇，向前、向左、向下作一弧线落在身体左侧，脚尖翘起，同时左掌从头顶向左下摆，高与肩平（见图 3-46）。

动作要领：撇脚绕行划弧，重心保持在右腿上。

呼吸：呼气。

意念：集中在左边的劳宫穴和涌泉穴，以这两个点作导引，完成撇脚摆臂动作。

技击意义：绕臂缠抱对手的腿。

（图 3-46）

➡ 第四桩 3

动作：接上动，左前臂外转，使左掌翻转，掌心向上，然后五指屈曲紧抓，同时，身体向左转（面向西南方），与此同时，左脚尖继续向左撇，重心略移向左脚（见图 3–47）。

动作要领：直腰、坐胯，撇脚，扣指用力。

呼吸：继续呼气。

意念：左手要有拿捏入骨的感觉。

技击意义：缠抱拧转对手的腿。

（图 3–47）

➡ 第四桩 4

动作：重心移向左脚，右脚跟随身体前移蹬起，同时，左手依然用力抓紧，拉向左腰间；与此同时，右臂从右腰间向下、向右后抡摆向上，置于头顶，面向西方（见图 3–48）。

（图 3–48）

动作要领：右臂要随惯性抡摆，自然放松。

呼吸：吸气。

意念：集中在右边的劳宫穴和涌泉穴。

技击意义：左手压击前的准备。

➡ 第四桩 5

动作：紧接上动，右膝上提，膝尖高与胸平（见图3-49）。

动作要领：提膝从外向内，略带弧形内摆。

呼吸：继续吸气。

意念：与上动作相同。

技击意义：提膝跪压前的准备。

（图 3-49）

➡ 第四桩 6

动作：紧接上动，身体往下蹲坐。同时右膝下跪，右肘、掌下压，置于右膝前，重心左脚六分，右脚四分，面向西（见图 3-50）。

动作要领：利用身体往下的重力，压肘，跪膝的力度要松沉，左右脚之间的重心分配要清楚。

呼吸：呼气。

意念：一股内劲从背部向肘、臂、掌灌注使劳宫穴有强烈的麻胀感觉。

技击意义：抱腿跪膝压肘的擒拿。

（图 3-50）

➡ 第四桩 7

动作：紧接上动，两腿蹬地，身体往上，重心左脚八分，右脚两分，面向正西（见图 3–51）。

动作要领：身体向上时保持直腰坐胯。

呼吸：吸气。

意念：把那股内劲从劳宫穴往回收至胸腹部位的中丹田。

（图 3–51）

➡ 第四桩 8

动作： 动作要领、呼吸、意念、练功意义与第四桩 1 式相同，唯动作相反，面向西方（见图 3-52）。

（图 3-52）

（图 3-53）

➡ 第四桩 9

动作： 动作要领、呼吸、意念、练功意义与第四桩 2 式相同，唯动作相反，面向西方（见图 3-53）。

（图 3–54）

➡ 第四桩 10

动作：动作要领、呼吸、意念、练功意义与第四桩 3 式相同，唯动作相反，面向西北方（见图 3–54）。

（图 3–55）

➡ 第四桩 11

动作、动作要领、呼吸、意念、练功意义与第四桩 4 式相同，唯动作相反，面向西方（见图 3–55）。

➡ 第四桩 12

动作：动作要领、呼吸、意念、练功意义与第四桩5式相同，唯动作相反，面向西方（见图3–56）。

（图3–56）

（图3–57）

➡ 第四桩 13

动作、动作要领、呼吸、意念、练功意义与第四桩6式相同，唯动作相反，面向西方（见图3–57）。

（图 3-58）

➡ 第四桩 14

动作：接上动，蹬腿，身体向上，然后左脚向左滑动，成开立步，身体随之左转，双掌置于腹前，面向正西，还原开立式姿势（见图 3-58）。

（图 3-59）

➡ 第四桩 15

动作：上动不停，重心移向两脚中间，成开立步，双掌向左右两侧张开，向上捧起，双臂环抱，置于胸前，掌心相对（见图 3-59）。

动作要领：双臂缓缓捧起抱球收气。

呼吸：吸气。

➡ 第四桩 16

动作：接上动，双膝微曲，两臂环抱，双掌下移置于胸腹前，站桩式（见图 3–60）。

动作要领：松腹，直腰，保持垂直轴转。

呼吸：吸气。

意念：意守丹田，全身浑然一体。

练习意义：一式结束后，准备下式前的凝神聚气。

（图 3–60）

第四桩整个桩法的练习，首先要动作连贯用意，用力保持完整一致，动作速度配合自己的呼吸深浅快慢，呼吸要尽量做到绵、长、深、匀。到了一定的阶段，则要把呼吸与意念导引结合起来，使动作演练更加深沉缓和。

第六节　第五桩神光集火掌

“神光”，神异的灵光。《楚辞·王逸九思·哀岁》中说：“神光兮颎颎，鬼火兮荧荧。”在《黄帝内经·素问·本病论》中注解为精神，神气：“神既失守，神光不聚。”

此式中的绕臂、虎爪动作暗含沟通手少阴心经的经络养生机理。因为手少阴心经，起于心中，走出后属心系，向下穿过膈肌，络小肠。其从心系出来后，退回上下经过肺，向下浅出腋下，所以此式中多有虚空腋下的形体动作。再沿上肢内侧后缘，经过肘中进入掌中，到达小指少冲穴，交于手太阳小肠经。

由于手少阴心经主治心胸、神志病证，故经过联系该掌的动作，可以通达心经，防治心痛、心悸、怔忪、失眠、健忘、癫痫等病症以及经脉循行部位的病变。又由于“心主血脉”，还是“君主之官”，因此通过锻炼保证心经畅通无阻十分重要。还有“心主神明”之说，心不仅是五脏六腑的主子，心一动五脏六腑皆为之动摇，心只要清明，其它脏腑则会安康。所以养生首要养心，养心首推锻炼心经。

在中医五行学说中，心属火，火宜下降，所以本桩式以下蹲动作导引。

在技击意义上，这是一招绕臂缠抱戳掌技法，锻炼全身拧转的协调性和旋转式的内劲。

行功方向在正东面，站立位置在离宫，属火。

➡ 第五桩 1

动作：接第四桩 16 式，左臂从腹前向右，经过右肩向上，从胸前向左划弧，手掌随手臂自然摆动，置于左肩侧，虎口向上，高于肩平，同时身体重心随转胯，移向左腿，面向东北（见图 3−61）。

动作要领：以胯带动转腰转肩，手臂在身体转动下轻松摆动。

呼吸：呼气。

意念：以少冲穴为目标，意念从中丹田部位出发，顺着手少阴心经到达小指尖。

（图 3−61）

➡ 第五桩 2

动作：紧接上动，身体重心向后移在右脚，同时，左前臂内旋使掌心向外旋转（见图 3–62）。

动作要领：两脚紧扣地面，旋腕时用力，五指自然张开。

呼吸：吸气。

意念：一股内劲从肘底向五指指尖传递，有强烈的麻胀感觉。

练功意义：缠腕擒拿。

（图 3–62）

➡ 第五桩 3

动作：紧接上动，身体向左转（面向正北方向），左脚尖随之翘起。同时，左前臂外旋，使掌心向内翻转，五指用力紧扣，虎口向上（见图 3-63）。

动作要领：直身、坐腰，翻掌时手腕用力，力达指尖。

呼吸：呼气。

意念：意念集中在五指，内劲从中丹田直达指尖。

练功意义：缠腕擒拿。

（图 3-63）

➡ 第五桩 4

动作：上动不停，身体略向前，使重心在两脚之间，随即两膝弯曲下蹲，成歇步，身体向正西，同时，左臂屈曲，使左手拉向左腰间，扣指的手型不变，同时右手成直掌，向身体右侧直臂戳掌，高于肩平，眼看右掌（见图 3-64，背面图见图 3-65）。

动作要领：收掌戳掌拧腰下蹲歇步要协调。

呼吸：继续呼气。

意念：意念从背后沿右臂内侧后缘，经过肘中进入掌中，到达小指少冲穴。

练功意义：戳掌擒扑。

（图 3-64）

（图 3-65）

➡ 第五桩 5

动作：两腿蹬地站立，带动上身旋转向右，成开立步，面向正东，同时，左手变掌，右臂微曲，前臂外旋，掌心向外，随转身重心自然落在两腿之间（见图 3–66）。

动作要领：转身时，以两脚前掌为轴，自然转动，保持重心平稳。

呼吸：吸气。

意念：意守右手小指的少冲穴。

练功意义：此式为过渡动作。

（图 3–66）

（图 3-67）

➡ 第五桩 6

动作、动作要领、呼吸、意念和练功意义与第五桩 1 式相同，唯动作相反（见图 3-67）。

（图 3-68）

➡ 第五桩 7

动作、动作要领、呼吸、意念和练功意义与第五桩 2 式相同，唯动作相反（见图 3-68）。

（图 3-69）

➡ 第五桩 8

动作、动作要领、呼吸、意念和练功意义与第五桩 3 式相同，唯动作相反（见图 3-69）。

➡ 第五桩 9

动作、动作要领、呼吸、意念和练功意义与第五桩 4 式相同，唯动作相反，前臂内旋，使掌心向下，向身体左侧戳掌（见图 3–70，背面图见图 3–71）。

（图 3–70）

（图 3–71）

第五桩 10

动作：两腿蹬地站立，带动上身旋转向左，成开立步，面向正东，同时，双臂微曲，两掌按于腹前体侧（见图3-72）。

动作要领：转身时，以两脚前掌为轴，自然转动，保持重心平稳。

呼吸：吸气。

意念：意守右手小指的少冲穴。

练功意义：此式为结束过渡动作。

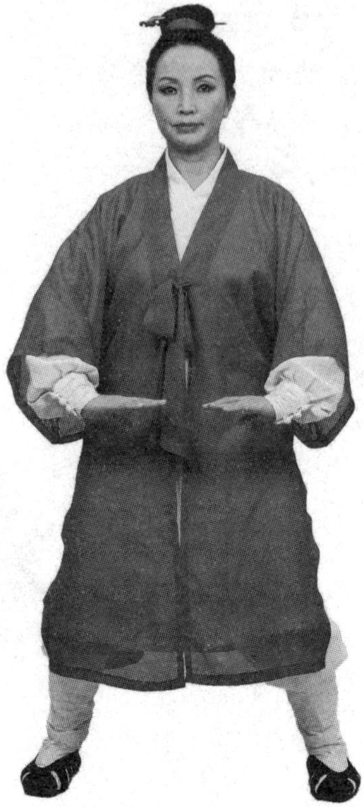

（图 3-72）

➡ 第五桩 11

动作：上动不停，开立步，双掌向左右两侧张开，向上捧起，双臂环抱，两掌相对，置于胸前（见图 3–73）。

动作要领：双臂缓缓捧起抱球收气。

呼吸：吸气。

（图 3–73）

（图 3–74）

➡ 第五桩 12

动作：接上动，双膝微曲，双臂环抱，双掌移置于胸腹前，站桩式（见图 3–74）。

动作要领：松腹，直腰，保持中轴垂直。

呼吸：吸气。

意念：意守丹田，全身浑然一体。

练习意义：一式结束后，准备下式前的凝神聚气。

第七节　第六桩九霄追魂掌

“九霄”即天上之殿堂，共有“赤霄、碧霄、青霄、绛霄、黅霄、紫霄、练霄、玄霄、缙霄”，通常指天帝及群仙居住的地方，表示顶端的意思，故有九霄追魂掌攻击头部的技击意义。

此桩式锻炼反手缠绕以及打穴扣指的能力。其运动形式以身体向后旋转，带动手臂作后上方的大缠臂动作，然后扣指拿捏，再向前推掌。这个桩式以第二桩泥丸旋天掌的旋转运化为基础，变化为一种反手缠抱对手后脑颈部，并拿捏其腮后、耳下的胸锁乳突肌前缘，在对手感觉疼痛时，把他推跌的技法。

因为动作的运动特性，意念导引经过手三阴经脉，到达食指，中指和无名指指尖的十宣穴位，因此对心肺系统有良性刺激。

行功方位在中宫的东方。

➡ 第六桩 1

动作：接第五桩 12 式，重心移向左脚，同时身体左转，带动左手向左伸出，伸手的同时翻掌，掌心向上，随即重心向左脚移动，身体向左旋转，左手继续向前、向左上方作弧形运掌，置于头部左上方，眼随手转（见图 3–75）。

动作要领：以腰肩带动手臂作运掌动作，手臂伸展幅度要大。

呼吸：呼气。

意念：从中丹田部位起，沿着手臂内侧的三阴经直达手指指端的十宣穴。

技击意义：运掌至对手的后脑部，准备作缠抱攻击。

（图 3–75）

第六桩 2

动作：接上动，左臂屈曲，前臂内旋，使左掌向后旋转，指尖向后（见图 3–76）。

动作要领：身体正直，旋转的拧劲在尺骨、桡骨之间。

呼吸：吸气。

意念：意守手指指端的十宣穴。

技击意义：运掌至对手后脑部，准备作缠抱攻击。

（图 3–76）

➡ 第六桩 3

动作：上动不停，左手腕向内弯曲，使掌心向下（略偏向外），然后五指慢慢用力紧扣（见图 3–77）。

动作要领：身体保持正直，转腕时不用力，扣指的内劲要逐步加重。

呼吸：继续吸气。

意念：意守手指指端的十宣穴。

技击意义：缠抱对手后颈部，手指拿捏其腮后、耳下的胸锁乳突肌前缘。

（图 3–77）

➡ 第六桩 4

动作：紧接上动，身体重心移向右脚，同时用内劲，使力量从五指慢慢传送至前臂（见图 3–78）。

动作要领：身体保持垂正状态中移动，内劲从五指传递至肘尖，连成一线。

呼吸：继续吸气。

意念：意守手指指端和肘尖。

技击意义：手指拿捏住对手腮后，开始挤迫。

（图 3–78）

➡ 第六桩 5

动作：上动不停，以右脚为轴，身体向右转动，带动左前臂继续向右前方挤压，同时五指稍微放松（见图 3–79）。

动作要领：身体保持垂正状态中转动，肘尖与背部保持一种弧形的掤劲。

呼吸：继续吸气。

意念：内劲从五指回收至劳宫穴。

技击意义：挤压对手的颈部。

（图 3–79）

➡ 第六桩 6

动作：上动不停，身体继续向右转（面向南方），同时左臂伸直，向前推出，掌根高与肩平，掌心向外，指尖向上（见图 3-80）。

动作要领：推掌时内劲从肘尖向掌心送出，使掌心与肩胛骨部位连成一线，手臂肌肉要放松，沉肩坠肘。

呼吸：呼气。

意念：意守劳宫穴。

技击意义：手掌按住对手的后颈部推击，使其跌倒。

（图 3-80）

(图 3-81)

➡ 第六桩 7

动作，动作要领，呼吸，意念和技击意义与第六桩 1 式相同，唯运动方向相反（见图 3-81）。

(图 3-82)

➡ 第六桩 8

动作，动作要领，呼吸，意念和技击意义与第六桩 2 式相同，唯运动方向相反（见图 3-82）。

➡ 第六桩 9

动作、动作要领、呼吸、意念和技击意义与第六桩 3 式相同，唯运动方向相反（见图 3–83）。

（图 3–83）

➡ 第六桩 10

动作、动作要领、呼吸、意念和技击意义与第六桩 4 式相同，唯运动方向相反（见图 3–84）。

（图 3–84）

（图 3-85）

➡ 第六桩 11

动作、动作要领、呼吸、意念和技击意义与第六桩 5 式相同，唯运动方向相反（见图 3-85）。

（图 3-86）

➡ 第六桩 12

动作、动作要领、呼吸、意念和技击意义与图第六桩 6 式相同，唯运动方向相反（见图 3-86）。

➡ 第六桩 13

动作：接上动，身体重心略移向右脚，成开立步，同时右手前臂外旋使掌心向上，屈肘回收至右腰间，与此同时，左掌心向上，与右掌形成双抱掌姿势（见图3-87）。

动作要领：保持直腰、坐胯，含胸拔背，沉肩坠肘的姿势。

呼吸：吸气。

意念：气沉丹田，意守十宣。

技击意义：完成攻防技法后的收势。

（图 3-87）

第六桩 14

动作：上动不停，成开立步，双掌向左右两侧张开向上捧起，双臂环抱，置于胸前，掌心相对（见图 3–88）。

动作要领：与上动的手臂活动保持连贯性，双臂缓缓捧起抱球收气。

呼吸：呼气。

（图 3–88）

➡ 第六桩 15

动作：接上动，双膝微屈，同时双掌下移置于胸腹前，两掌相对，站桩式（见图 3–89）。

呼吸：呼气。

意念：意念灌注于丹田。

练习意义：一式结束后，准备下式前的凝神聚气。

（图 3–89）

第八节　第七桩地渊还魄掌

此桩法锻炼手腕的旋拧劲。其运动形式从脚跟至头顶向上垂直旋转的基础劲道不变，但手部动作短小，动作集中在双掌翻转的缠腕上，是一种擒拿技法。

在运动过程中，因为要求竖腕、十指张开，聚力点在拇指根部，对手阳明大肠经的阳溪穴和手太阴肺经的太渊穴有刺激，通过意念导引，对这两条经络有疏通意义。《黄帝内经》指出，手阳明大肠经的特性多气多血，经常疏通，能行气活血，减轻手背、肩部的某些疾病；手太阴肺经有止咳，抑止胸、喉和相关部位的疼痛作用。

在练习时，首先要通过意守阳溪和太渊穴，在翻掌动作中，有意把手三阳、三阴经的意念运行导向腹部，同时也用意在足太阳膀胱经的至阴穴和足少阴肾经的涌泉穴上，把足三阳、三阴经用意念导向腹部，使十二经脉在意念导引下聚集在腹部丹田，凝神聚气而收功。根据这些运动特点和意念导引以及“肝藏魂，肺藏魄”的中国传统医学理论，故称此桩法为“地渊还魄掌”。

此势站立方位在中宫的西面。

➡ 第七桩 1

动作：接第六桩15式，左前臂外旋、前伸，置于腹前，掌心向上，同时右手向上，置于左手上方，掌心向下，与左手相对成抱球状，两手相隔约十公分（见图3–90）。

动作要领：身型不变，十指用柔和的内劲张开。

呼吸：吸气。

意念：意想两手抱着的球慢慢膨胀，十指随之张开。

技击意义：推掌前，精气神灌注于双掌。

（图3–90）

➡ 第七桩 2

动作：接上动。身体重心不变，腰胯随脊椎的中轴拧转向左（正南），同时右掌竖立，左掌下垂，两手腕内侧掌根相贴（成莲花状）置于胸腹之前（见图 3–91）。

动作要领：转体时重心保持在两脚中间，撑掌要用柔和的内劲。

呼吸：继续吸气。

意念：随着吸气，意念集中在拇指根部的阳溪和太渊穴。

技击意义：推掌前，精气神灌注于双掌。

（图 3–91）

➡ 第七桩 3

动作：接上动，右脚蹬地，使身体重心移向右脚，同时双掌保持莲花状的掌型，向前推出，高于胸平（见图 3-92）。

动作要领：在身体重心移动中推掌，推掌用意不用力。

呼吸：呼气。

意念：意念从肩胛骨出发，沿着右手三阳经、左手三阴经直达十指的指端。

技击意义：有攻防两层意义：在攻是推，在防是随，顺从对手抓拿。

（图 3-92）

➡ 第七桩 4

动作：上动不停，左脚蹬地，使身体重心回归两脚中间，同时两肘弯曲向胸前回收，与此同时，两腕贴着，两掌顺时针翻转成两手掌心向上托起（见图 3–93）。

动作要领：身型不变，两腕翻转时的圆心点保持在胸部正前方。

呼吸：吸气。

意念：意念在翻腕时各自从右手太渊穴移向阳溪，左手阳溪移走向太渊穴。

技击意义：这是转腕解脱和反手擒拿技法。

（图 3–93）

➡ 第七桩 5

动作：上动不停，左脚继续蹬地，使身体重心移向右脚，同时两臂继续弯曲旋转，掌心相对回复抱球状，置于胸前（见图3–94）。

动作要领：保持直腰，坐胯的身型，屈肘不用力。

呼吸：继续吸气，吸气时胸腔要扩张。

意念：意念从两手的指端和两腿的脚底归拢至中丹田部位。

技击意义：完成动作时的收功状态。

（图3–94）

➡ 第七桩 6

动作：紧接上动，右脚蹬地，使身体右转（面向正西）在转体时，身体重心自然回归两脚中间，与此同时，两腕放松、分开，掌心相对抱球状，置于腹前（见图3–95）。

动作要领：身体转动要保持脊椎的中轴。

呼吸：继续吸气，完成动作后才慢慢地呼吸。

意念：意念在呼气时从丹田往下坠落至两脚底的涌泉穴。

技击意义：完成动作后的收功状态。

（图 3–95）

➡ 第七桩 7

动作、动作要领、呼吸、意念、技击意义与第七桩 2 式相同，唯动作方向相反（见图 3–96）。

（图 3–96）

➡ 第七桩 8

动作、动作要领、呼吸、意念、技击意义与第七桩 3 式相同，唯动作方向相反（见图 3–97）。

（图 3–97）

(图 3–98)

➡ 第七桩 9

动作、动作要领、呼吸、意念、技击意义与第七桩 4 式相同，唯动作方向相反（见图 3–98）。

(图 3–99)

➡ 第七桩 10

动作、动作要领、呼吸、意念、技击意义与第七桩 6 式相同，唯动作方向相反（见图 3–99）。

➡ 第七桩 11

动作：两腿蹬地站立，带动上身旋转向左，成开立步，面向正西，同时，双臂微曲，两掌相对置于腹前体侧（见图 3-100）。

动作要领：转身时，以两脚前掌为轴，自然转动，保持重心平稳。

呼吸：吸气。

意念：意守涌泉穴

练功意义：此式为结束动作。

（图 3-100）

（图 3-101）

➡ 第七桩 12

动作：上动不停，重心移向两脚中间，成开立步，与此同时，双掌向左右两侧张开，向上捧起，双臂环抱，两掌相对，置于胸前（见图 3-101）。

动作要领：双臂缓缓捧起抱球收气。

呼吸：吸气。

（图 3-102）

➡ 第七桩 13

动作：接上动，双膝微曲，两臂环抱，双掌下移置于胸腹前，站桩式（见图 3-102）。

动作要领：松腹，直腰，保持垂直轴转。

呼吸：吸气。

意念：意守丹田，全身浑然一体。

练习意义：一式结束后，准备下式前的凝神聚气。

第九节　第八桩雷电盘旋掌

这是一组旋臂、转腕的大云手接小缠腕擒拿技法，锻炼一种腿、腰、肩、臂顺势从脚跟往上旋拧的浑圆滚化攻防能力。

盘旋掌与太极拳的云手相似，运动形式以手臂的掤劲接对手的攻击，以全身的旋转引化对手的攻击力，在引化过程中，前臂、手腕内旋滚动，协助化解攻击力，同时反擒、缠扣采住对手腕关节，以完成掤、捋、按、采等攻防合一的技法。

完成这一组动作，需要从脚掌向上，从腰背向后上臂，再向前小臂运行的一种螺旋拧劲，这种拧劲与第五桩神光集火掌的意念导引路线相同，不同之处是，当完成小缠腕的采拿之后，没有用力拿捏，而是把意念从劳宫穴引导回收至丹田，以达到采气养生的目的。此桩法主导经络手少阳三焦经、手厥阴心包经，意守中冲穴。

雷闪电鸣，盘旋于顶，其势难当，神速莫测。故此式重在全身的拧劲牵动手臂，敛气全身真气于一肢，柔化对方进攻之力，故以雷电盘旋掌表达这种练功意义。

此式与大泽擒龙掌的运动形式相反，后者运用短促的爆发力，前者运用绵长的柔和劲，但两个桩法同样突出捕抓机会的技击意义：大泽擒龙掌突显连发突击，雷电盘旋掌暗藏运筹帷幄的灵动和“引而不发，一发不可收拾”的猛烈。两个桩法都表示这种风云变化的含义。

行功方位在东北角的震宫，以雷表示其属性。

➡ 第八桩 1

动作：接第七桩 13 式，重心移向左脚，同时身体略向左转，左臂向左弧线摆动，置于胸前，右臂随及置于左臂内侧，两手臂成交叉（见图 3–103）。

动作要领：左脚趾抓地，脚跟与头顶连成一条垂直线，转身要有拧劲，右臂却松弛随从。

呼吸：吸气。

意念：从左脚跟沿着后腿向上经过腰背、后臂到达左手背部，意守中冲穴。

技击意义：在被抓拿或被按住的情形下，手臂柔顺相从，身体却转化对手的攻击方向。

（图 3–103）

➡ 第八桩 2

动作：上动不停，左臂略向前伸拔，与腰背连成一股掤劲后，上身继续向左拧转，导引左臂向上，然后身体向左转（面向北），重心在左脚，随转体，左前臂内旋，使掌心翻转向外向左下，摆臂至左肩侧，高与肩平（见图 3–104）。

动作要领：摆臂时，手要伸拔，带领全身转动，前臂内旋用意不用力，重心移向左脚时，脚趾抓地。

呼吸：呼气。

技击意义：通过伸臂，掤住对手的劲道，然后转身用前臂滚动，捋化、按住。

（图 3–104）

➡ 第八桩 3

动作：接上动，左手向下，前臂外旋，使手指向外、向下翻转，掌心向内，成小缠腕手型（见图3–105）。

动作要领：缠腕时，掌根为中轴，手指尖转动不离轴心。

呼吸：吸气。

意念：通过吸气，意念从手三阴经进入膻中的中丹田部位。

技击意义：刁住对手的手腕关节，一旦用劲，便可拿捏穴位。

（图 3–105）

（图 3-106）

➡ 第八桩 4

动作：上动不停，重心后移在右脚上，左前臂继续外旋，左掌扣腕（见图 3-106）。

动作要领：扣腕时，掌指稍向上。

呼吸：呼气。

意念：气沉下丹田。

技击意义：紧紧锁住对方关节。

（图 3-107）

➡ 第八桩 5

动作、动作要领、呼吸、意念和技击意义与第八桩 1 式相同，唯动作方向相反（见图 3-107）。

（图 3-108）

➡ 第八桩 6

动作、动作要领、呼吸、意念和技击意义与第八桩 2 式相同，唯动作方向相反（见图 3-108）。

（图 3-109）

➡ 第八桩 7

动作、动作要领、呼吸、意念和技击意义与第八桩 3 式相同，唯动作方向相反（见图 3-109）。

➡ 第八桩 8

动作：接上动，身体重心略移向右脚，成开立步，同时右手前臂外旋使掌心向上，屈肘回收至右腰间，与此同时，左掌心向上，与右掌形成双抱掌姿势（见图 3–110）。

动作要领：保持直腰、坐胯，含胸拔背，沉肩坠肘的姿势。

呼吸：吸气。

意念：气沉丹田，意守十宣。

技击意义：完成攻防技法后的收势。

（图 3–110）

（图 3–111）

➡ 第八桩 9

动作：上动不停，双掌向下，向外划弧，掌心相对，置于左右大腿外侧（见图 3–111）。

动作要领：重心在两脚之间。

呼吸：呼气。

第八桩 10

动作：上动不停。双掌向上继续划弧，向左右两侧张开，向上捧起，然后前臂内旋，翻掌向前、置于胸前，掌心相对（见图3–112）。

动作要领：与上动的手臂活动保持连贯性，双臂缓缓向上捧起收气。

呼吸：呼气。

（图 3–112）

（图 3–113）

第八桩 11

动作：接上动，双膝微屈，双臂环抱，同时两掌相对移置于胸腹前，站桩式（见图 3–113）。

呼吸：呼气。

意念：意念灌注于丹田。

练习意义：一式结束后，准备下式前的凝神聚气。

第十节　第九桩大泽擒龙掌

这是一个旋腕解脱后的戳指反击技法，犹如龙摆尾的反击之势。“擒龙”，在此意思就是擒拿；“大泽”，表示龙在大泽中，龙借水势，水助龙威，龙有龙节，节节连发，其力无比，其势难当。内家拳术有个共同特点，就是攻防合一。在此桩法中，当被抓拿手腕时，旋腕动作不单纯为解脱，而是旋腕开始就要组织攻势，所以顾名思义，此桩法名为大译擒龙掌，以表达这种攻防浑然一体的技击意义。另外，游龙追击是连击技法：先用指节骨戳散对手肋骨之气，随即用指尖深入进击。所以，用蛟龙入海，节节追击形容这种技法。

解脱对手抓腕的旋腕动作，需要借助腰胯旋转的全身整体劲力，而手腕旋转的力量必须以腕部局部性用力，手臂仍保持松柔状态。因为只有这样，才可以在解脱手腕被擒拿后，身体有足够的松弛空间，以便产生寸劲。寸劲是一种突发性的短促爆发力，这种力以全身整体气、力配合为基础。因此这一桩功，锻炼一种在旋转动态中突变为直线击打的能力，其过程必须畅顺浑圆，其力势必须虚实分明。

因为旋转动态需要浑圆整合，因此旋转的力势要求顺畅有序。组成这种有序整合的劲道，必须以意念导引身体和气力，因此需要意念感知体内的劲力通道。进行这种意念活动同时，有刺激、疏通手少阴肺经，手阳明大肠经的效应，对感冒、咳嗽、咽喉肿痛、头痛等呼吸系统疾病有良性影响。

练习此掌的方位面向东南方入于兑宫，故以泽表示其属阴性，为少女。

➡ 第九桩 1

动作：接第八桩 11 式，重心移向右脚，同时上身向左后旋转（面向东），与此同时，两肘弯曲，使双掌置于上腹两侧（见图 3–114）。

动作要领：保持身体正直，屈肘要轻柔。

呼吸：吸气。

意念：意守十指指端（十宣穴）。

技击意义：被对手抓住手腕时的虚领状态，意思为不用力抗衡。

（图 3–114）

➡ 第九桩 2

动作：上动不停，重心移向左脚，同时，两前臂外旋，使掌心向上，向前伸出，高于肩平，目视双掌（见图3-115）。

动作要领：保持身体正直，伸臂时保持轻柔。

呼吸：呼气。

意念：意守从中丹田部位向十指指端引发。

技击意义：被对手抓住手腕时的顺从状态，这是“舍己从人”的柔顺意念练习。

（图 3-115）

第九桩 3

动作：上动不停，两臂微曲，双手掌心向内，指尖向上，高与眉齐（见图3-116）。

动作要领：保持身体正直。

呼吸：吸气。

意念：意守十指指端（十宣穴）。

技击意义：转腕解脱擒拿的开始。

（图 3-116）

（图 3-117）

➡ 第九桩 4

动作：上动不停，重心向后移至右脚，同时，两手扣腕弯曲，十指屈曲成虎爪，置于胸前，目视双掌（见图 3-117）。

动作要领：身体后移时保持直腰，坐胯身型，屈指成虎爪要用阴柔之劲，腕部略有张力。

呼吸：继续吸气。

意念：意念随吸气从十指指端内收，回归中丹田部位。

技击意义：转腕解脱擒拿的过程。

➡ 第九桩 5

动作：上动不停，身体向右转（面向南），同时，两臂继续弯曲，两前臂内旋，使两腕继续内翻，掌心向下（见图 3–118）。

动作要领：屈臂翻腕时，两肘略为抬起、张开，胸部含收，背部张拔。

呼吸：呼气。

意念：意守从中丹田部位向背部，沿着后臂、肘尖、手背至十指指端。

技击意义：通过含胸拔背的身法于翻腕动作的配合，完成解脱擒拿，开始拧腕反击。

（图 3–118）

➡ 第九桩 6

动作：上动不停，以右脚跟为轴，身体向右旋转，同时两肘内收，贴近两肋，使双手自然置于上腹前，掌心相对，目视双掌（见图 3-119）。

动作要领：身体旋转时有向上螺旋的拧劲，收肘夹臂要用阴柔之劲。

呼吸：继续呼气。

意念：意守从涌泉螺旋向上，直达头顶的泥丸。

技击意义：此时已经解脱擒拿，准备用指节突击。

（图 3-119）

➡ 第九桩 7

动作：紧接上动，胸部突然收紧，用力呼气，使双手猛然发出抖劲，向前击打并迅速回收至第九桩 6 式状态（见图 3-120）。

动作要领：发劲前两肘松沉，发劲时全身瞬间绷紧，十指捏紧，完成发劲时全身放松。

呼吸：在呼气后段再急促吐气，完成突击后紧接着吸气。

意念：意念在发劲瞬间从头顶引向指节骨尖。

技击意义：用寸劲打击对手软肋。

（图 3-120）

➡ 第九桩 8

动作：紧接上动，胸部再次突然收紧，用力呼气，同时虎爪变掌，猛然发出抖劲，向前插击并迅速回收至第九桩 6 式状态（见图 3-121）。

动作要领：要领与上动相同。

呼吸：与上动相同。

意念：意念在发劲瞬间从头顶引向指尖。

技击意义：用寸劲再次打击对手软肋。

（图 3-121）

（图 3-122）

➡ 第九桩 9

动作、动作要领、呼吸、意念、技击意义与第九桩 3 式相同，唯动作方向相反（见图 3-122）。

➡ 第九桩 10

动作、动作要领、呼吸、意念、技击意义与第九桩 5 式相同，唯动作方向相反（见图 3-123）。

（图 3-123）

（图 3-124）

➡ 第九桩 11

动作、动作要领、呼吸、意念、技击意义与第九桩 6 式相同，唯动作方向相反（见图 3-124）。

（图 3-125）

➡ 第九桩 12

动作、动作要领、呼吸、意念、技击意义与（第九桩 7 式）相同，唯动作方向相反（见图 3-125）。

（图 3-126）

➡ 第九桩 13

动作、动作要领、呼吸、意念、技击意义与第九桩 8 式相同，唯动作方向相反（见图 3-126）。

第九桩 14

动作： 上动不停，身体向右转，重心落在两脚之间，成开立步（面向东南），同时臂弯曲，两掌心向上，环抱于腹前两侧（见图 3-127）。

动作要领： 以脊椎为中轴转体。两手回抱缓和、松沉。

呼吸： 呼气。

意念： 意守下丹田。

（图 3-127）

（图 3-128）

第九桩 15

动作： 上动不停，双掌向下，向外划弧，掌心相对，置于左右大腿外侧（见图 3-128）。

动作要领： 重心在两脚之间。

呼吸： 呼气。

➡ 第九桩 16

动作：上动不停，双掌继续向上划弧，向左右两侧张开，向上捧起置于胸前，掌心相对（见图 3–129）。

动作要领：与上动的手臂活动保持连贯性，双臂缓缓向上捧起收气。

呼吸：呼气。

（图 3–129）

（图 3–130）

➡ 第九桩 17

动作：接上动，双膝微屈，同时双掌下移置于胸腹前，两臂环抱，站桩式（见图 3–130）。

呼吸：呼气。

意念：意念灌注于丹田。

练习意义：一式结束后，准备下式前的凝神聚气。

第十一节　第十桩逍遥风云掌

逍遥是形容一种缓步休闲行走的状态。《楚辞·九章·哀郢》中说："去终古之所居兮，今逍遥而来东。"在《庄子·逍遥游》里则形容优游自得，安闲自在的状态："彷徨乎无为其侧，逍遥乎寝卧其下。"犹如微风闲云，飘来荡去，任我往来，潇洒自如。

此桩式的运动形式是抡臂划弧，环形抱掌，有搂风揽云、负阴抱阳之妙；步法是用括弧步脚踝反锁扣对方踝关节，一展逍遥自在于旷野，悠闲自得于云端的潇洒。

此桩式的经络养生机要，是通过抡臂，戳击，扣指的动作疏通手太阳小肠经实现的。因为手太阳小肠经起于小指外侧端的少泽穴，沿手背、上肢外侧后缘，绕肩胛部，交会大椎穴，前行入缺盆，深入体腔，沿食道穿过横隔，到达胃部下行，属小肠。其分支从缺盆出来，沿颈部上行到面颊至目外眦退行进入耳中；又从面颊分出，向上至眼下，至目内眦睛明穴，交于足太阳膀胱经。

由于手太阳小肠经主治头顶、五官病证及热病、神志疾患等，所以诸如头项强痛、耳聋、目翳、颊肿、咽喉疼痛等病症，皆能通过锻炼小肠经加以防治。又由于小肠具有将胃输送来的食物进行加工，分清泌浊，清者化生成气血津液，以营养全身，中医称为"运化精微"；浊者通过大肠、膀胱以二便形式排出体外，中医称之为"排泄糟粕"等功能，故而决定了小肠经的治病范围更为宽泛。养生家也注意到小肠经的特殊作用，重在养"液"，即我们常说的"金津玉液"。

在技击意义上，此式抡臂拿捏对手手臂，反括弧腿锁扣对手脚跟，压肘别臂，跪膝擒扑，是武当太乙五行擒扑拳术的典型技法。

此桩式在卦为巽，巽为风，所以演练时站立的方位面向西南入于巽宫，代表风，属阴，为长女。

➡ 第十桩 1

动作：接第九桩 17 式，身体重心移向右脚，左脚跟随即提起。同时右手从腰腹间向右上方划弧绕至右肩前方，高于肩平，掌心向外，与此同时，左手向左腰侧伸出，掌心向下，目视前方（见图 3–131）。

动作要领：身体重心移动时保持直腰，坐胯身型。

呼吸：吸气。

意念：以右手小指外端的少泽穴为关注点，随着右掌划弧向上摆动时，使意念沿着手背、上肢外侧后缘，绕肩胛部，交会大椎穴。

技击意义：右摆掌是对头部的防守，同时也是抓拿对方左手腕的动作。

（图 3–131）

➡ 第十桩 2

动作：紧接上动，身体重心不变，左脚向右脚并拢，前脚掌着地，成丁步，同时左前臂微屈、外旋，使掌心翻转向上，与右掌心垂直相对，呈抱球状（见图 3–132）。

动作要领：同上式。

呼吸：继续吸气。

意念：首先意念仍集中在右臂的手太阳小肠经的走向，当呈抱球状时，意念转移向左手小指的少泽穴。

技击意义：左臂绕臂擒拿的准备动作。

（图 3–132）

➡ 第十桩 3

动作：上动不停，身体重心仍在右脚，左脚在腰胯左转的同时弧形向右前方撇脚拐行，脚尖朝左斜上方；同时，右臂向左下，经身体左侧划弧至右腰侧，在绕臂同时，前臂外旋，使掌心翻转向上，与此同时，左手从腹前向右上，在胸前与右手交叉相遇，然后绕向肩上方，随后前臂内旋，翻掌向外身体左侧立掌，高于肩平（见图 3–133）。

动作要领：两手臂在身前划弧要圆，要均匀，立左掌与撇左脚要同时完成，保持直腰坐胯势。

呼吸：呼气。

意念：与第十桩 1 式相同，维以左手小指外端的少泽穴为关注点，随左掌划弧摆动时，使意念沿着手太阳小肠经，交会大椎穴。

技击意义：这是一组绊脚绕臂擒拿技法。

（图 3–133）

➡ 第十桩 4

动作：接上动，腰胯继续向左转，重心略向左脚移动，成盖步（面向南），同时左前臂外旋，使掌心翻转向上，然后五指紧扣，成虎爪掌（见图 3–134）。

动作要领：先翻掌，后扣指。扣指用内劲，内劲来自呼气时从心发出。

呼吸：翻掌时吸气，扣指时呼气。

意念：随着呼气，意念从腹部导引向五指。

技击意义：抓拿对手肱肌远端，接近肘部的内侧。

（图 3–134）

➡ 第十桩 5

动作：接上动，身体继续向左转（面向东），两膝微屈成半蹲状态，同时左臂屈曲，使左手收至左腰间，虎爪掌手型不变。与此同时，右掌立掌，向右侧伸直戳出，高于肩平（见图 3–135）。

动作要领：拉手，插掌与半蹲在腰胯转动的同时完成，直腰坐胯的身型不变。

呼吸：吸气。

意念：意念在五指指尖，一股内劲从肩胛骨直达指尖。

技击意义：左爪拉臂，右掌插喉。

（图 3–135）

➡ 第十桩 6

动作：上动不停，身体完全下蹲，与此同时，右臂微屈，坐腕、立掌、下按（见图 3–136）。

动作要领：利用身体重力压掌，沉肩坠肘，直腰。

呼吸：呼气。

意念：随着按掌动作，意念从五指沿着手臂外侧后缘，绕肩胛部，回归大椎穴。

技击意义：这是压臂擒扑技法，目的是使对方被擒趴倒。

（图 3–136）

（图 3–137）

➡ 第十桩 7

动作：接上动，两腿伸直站立。右腕自然放松，掌心向下（见图 3–137）。

动作要领：站立时身体保持直腰状态。

呼吸：吸气。

意念：意守右手小指少泽穴。

技击意义：此式为过渡动作。

➡ 第十桩 8

动作：接上动，左脚以脚跟为轴，右脚以前脚掌为轴，双脚同时转动，使身体向右方旋转，面向西方向，同时右前臂内旋，掌心向外，置于胸前（见图 3–138）。

动作要领：站立、转身整个动作保持身体垂直的重心。

呼吸：继续吸气。

意念：意守右手小指少泽穴。

（图 3–138）

（图 3–139）

➡ 第十桩 9

动作：紧接上动，身体重心移向左脚，同时右手向外，向右下摆动，与此同时，左臂伸直，左爪变掌从左腰间摆向身体左侧，形成两臂抡摆开张的动态（见图 3–139）。

动作要领：重心要平稳移动向左脚，身体保持垂直、正中。

意念：意随摆臂，关注着双手的少泽穴。

呼吸：继续吸气。

技击意义：此式为过渡动作。

第十桩 10

动作、动作要领、呼吸、意念和技击意义与第十桩 1 式相同，唯动作相反（见图 3-140）。

（图 3-140）

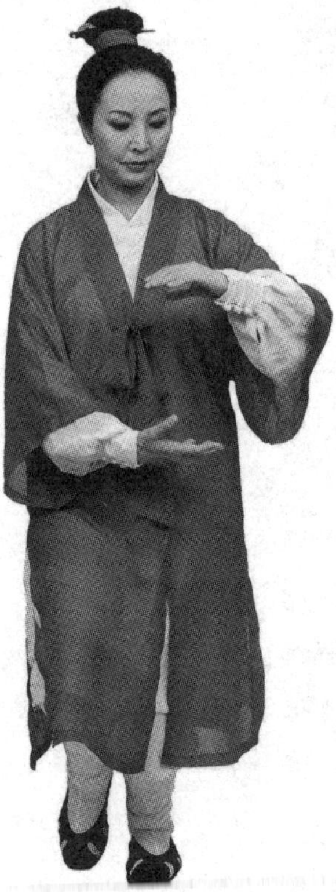

（图 3-141）

第十桩 11

动作，动作要领，呼吸，意念和技击意义与第十桩 2 式相同，唯动作相反（见图 3-141）。

（图 3-142）

第十桩 12

动作、动作要领、呼吸、意念和技击意义与第十桩 3 式相同，唯动作相反（见图 3-142）。

（图 3-143）

第十桩 13

动作、动作要领、呼吸、意念和技击意义与（第十桩 4 式）相同，唯动作相反（见图 3-143）。

（图 3-144）

第十桩 14

动作、动作要领、呼吸、意念和技击意义与第十桩 5 式相同，唯动作相反（见图 3-144）。

（图 3-145）

第十桩 15

动作、动作要领、呼吸、意念和技击意义与第十桩 6 式相同，唯动作相反（见图 3-145）。

第十桩 16

动作：接上动，右脚以脚跟为轴，左脚以前脚掌为轴，双脚同时转动，使身体向左方旋转，成开立步，面向西南，同时左手回收至左腰侧，掌心向上（见图 3–146）。

动作要领：站立、转身整个动作保持身体垂直的重心。

呼吸：继续吸气。

意念：意守丹田。

（图 3–146）

（图 3–147）

第十桩 16

动作：上动不停，双掌向下，向外划弧，掌心相对，置于左右大腿外侧（见图 3–147）。

动作要领：重心在两脚之间。

呼吸：呼气。

➡ 第十桩 17

动作：上动不停，双掌向上，左右两侧张开，继续划弧，向上捧起置于胸前，掌心相对（见图 3–148）。

动作要领：与上动的手臂活动保持连贯性，双臂缓缓向上捧起收气。

呼吸：呼气。

（图 3–148）

（图 3–149）

➡ 第十桩 18

动作：接上动，双膝微屈，两臂环抱，同时双掌下移置于胸腹前，站桩式（见图 3–149）。

呼吸：呼气。

意念：意念灌注于丹田。

练习意义：一式结束后，准备下式前的凝神聚气。

第十二节　第十一桩空山摟月掌

此“空”，有“空山不见人”之空旷，有“夜静春山空”之空阔，有“山谷幽兰”之空灵，更有“玉宇澄清万里埃”的空净，还有道家“半帘月影三杯酒，满院花香一局棋”的空明。其虚怀若谷，容物大焉。所以形容空灵的山谷，犹如巨神的臂膀，仰抱着一轮皓月，四周寂静无声，唯有灵光闪烁，充满诗人的灵感。在擒拿技法中，所有的招式、技巧都如空中揽月，看似实在而非实用。但是，只要捕抓住机会，便如空山之中的神灵，处处玄机，招招妙用。在实战中能够用上此技巧，关键是顺应自然，灵通应变。空山摟月，是极富诗意的招式。

此桩法的运动特点是两手抱球转推、按掌，单脚正括弧步锁扣对手脚踝，手脚并用，与第十掌的逍遥风云掌相反，一阴一阳，互相接应。

锻炼此桩法时的意念，是循足太阳膀胱经行走，有通畅足太阳膀胱经的养生机理。因足太阳膀胱经起于目内眦的睛明穴，向上到达额部，作用交会于头顶百会穴，又从头顶分别向后行至玉枕骨处，进入颅腔，络脑，回出分别下行到项部天柱穴，下行交会于大椎穴，再分左右沿肩胛内侧，脊柱两旁，到达腰部肾俞穴，进入脊柱两旁的肌肉，深入体腔。其分支从项下分出，经肩胛内侧，从附分穴挟脊下行至髀枢，经大腿后侧至腘窝中与前一支脉会合，然后下行出走于足外踝后，沿足背外侧缘至小趾外侧端的至阴穴，与足少阴肾经交接。至此十二经脉形成一个大循环。但同时我们注意到足太阳膀胱经的首穴——睛明穴，乃是手、足太阳经与阳明经、阴跷脉、阳跷脉的交会穴，因此从这里进入奇经八脉的循环。因足太阳膀胱经主治头项、目、鼻、腰背、神志等病证，故诸如头痛、项强、目眩、鼻塞、腰背痛、癫狂、痫症及经脉循行部位的疾病，均可通过调治或锻炼足太阳膀胱经来进行防治。由于膀胱经从头到脚，贯穿整个后背，对整个人体起着防护外邪侵入的作用；而且膀胱经是一条可以进入脑部的经脉，所以多锻炼膀胱经，能改善大脑功能，提高记忆力；同时膀胱与肾相表里，小便通畅是太阳膀胱经气足的表现，所以练好膀胱经也有利于泌尿系统的改善。

行功的站立方位在西北角，入于艮宫。艮，代表山，阳性，为少男。

此桩法在技击意义上，腿内扣锁住对手的脚踝，双手擒拿，屈曲对方的手肘。这招式是武当太乙五行门的典型技法。

➡ 第十一桩 1

动作：接第十桩 18 式，重心移向右脚，同时右前臂外旋，使掌心向上，置于右腰间，在右掌翻转的同时，左手从左腰间向上、向右肩前弧线抬起，掌心向下（见图 3–150）。

动作要领：两手配合做抱球、滚球状态。

呼吸：意念行走膀胱经时先做一次呼吸，在抱球时吸气。

意念：意念首先从睛明穴开始，向上到达头顶百会穴，然后向后、向下交会于大椎穴，再沿脊柱两旁，到达腰部肾俞穴，进入下丹田，之后意守两掌的劳宫穴。

技击意义：拔防以及引导对手的手部攻击进入擒拿态势。

（图 3–150）

第十一桩 2

动作：接上动，左脚以前脚掌着地，从左侧向右前方弧线滑行，成虚步（见图 3–151）。

动作要领：重心保持在右脚。左脚划地要轻、匀。

呼吸：继续吸气。

意念：从丹田部位下至足外踝，沿足背至小趾外侧端的至阴穴，也可以意守涌泉穴。

技击意义：开始括弧脚缠腿的进攻招式。

（图 3–151）

（图 3–152）

第十一桩 3

动作：上动不停，身体在腰胯带动下，略向右转，同时左脚继续划弧向后，贴近右脚（见图 3–152）。

动作要领：同上。

呼吸：继续吸气。

意念：意守左脚涌泉穴。

技击意义：同上。

（图 3–153）

➡ 第十一桩 4

动作：上动不停，左脚继续划弧向后，向左侧伸出，同时身体略向右转，面向北（见图 3–153）。

动作要领：同上，此时，左脚括弧缠腿的动作已经完成。

呼吸：继续吸气。

意念：意守左脚涌泉穴。

技击意义：同上

（图 3–154）

➡ 第十一桩 5

动作：上动不停，重心移向左脚（见图 3–154）。

动作要领：保持直腰坐胯的垂直线，沉稳移向左脚。

呼吸：呼气。

意念：从小趾外侧端的至阴穴经足太阳膀胱经向上回归至睛明穴，也可以意守头顶的百会穴。

技击意义：左脚缠住对方的脚跟后，用身体重心后移坐胯，膝尖抵押对方。

➡ 第十一桩 6

动作：紧接上动，身体略向左转（面向西北方），同时左掌向下翻转，掌心向上，置于左腹前，右手前臂内旋，翻掌向上（略带弧线），掌心向下（见图 3–155）。

动作要领：以转腰的动力带动翻掌和按掌，保持直腰坐胯的垂直重心。

呼吸：继续呼气。

意念：意念在掌心和十指之间。

技击意义：左脚缠住对方的脚跟后，开始用双手屈曲对手手臂的擒拿招式。

（图 3–155）

➡ 第十一桩 7

动作：上动不停，身体继续向左转（面向西），同时右臂伸直，经胸前向左前方推掌，指尖向上（见图 3–156）。

动作要领：转体时保持直腰坐胯的垂直线，推掌时手臂放松，内力从丹田导引至掌心。

呼吸：继续呼气。

意念：从丹田出，沿肩胛骨向手臂至掌心。

技击意义：这是一组缠脚、屈肘擒扑技法。

（图 3–156）

（图 3–157）

➡ 第十一桩 8

动作、动作要领、呼吸、意念和技击意义与第十一桩 1 式相同，唯动作方向相反（见图 3–157）。

（图 3-158）

➡ 第十一桩 9

动作，动作要领，呼吸，意念和技击意义与第十一桩 2 式相同，唯动作方向相反（见图 3-158）。

（图 3-159）

➡ 第十一桩 10

动作、动作要领、呼吸、意念和技击意义与第十一桩 3 式相同，唯动作方向相反（见图 3-159）。

(图 3–160)

➡ 第十一桩 11

动作、动作要领、呼吸、意念和技击意义与第十一桩 4 式相同，唯动作方向相反（见图 3–160）。

(图 3–161)

➡ 第十一桩 12

动作、动作要领、呼吸、意念和技击意义与第十一桩 5 式相同，唯动作方向相反（见图 3–161）。

（图 3-162）

➡ 第十一桩 13

动作、动作要领、呼吸、意念和技击意义与第十一桩 6 式相同，唯动作方向相反（见图 3-162）。

（图 3-163）

➡ 第十一桩 14

动作、动作要领、呼吸、意念和技击意义与第十一桩 7 式相同，唯动作方向相反（见图 3-163）。

➡ 第十一桩 15

动作：接上动，双掌不动。左足蹬地，使重心略微移向右腿，同时上身向左、向前转动，成开立步中式，面向西北（见图 3–164）。

动作要领：松腹，直腰，保持垂直轴转。

呼吸：吸气。

意念：意守丹田，全身浑然一体。

练功意义：同上。

（图 3–164）

（图 3–165）

➡ 第十一桩 16

动作：上动不停，双掌向下，向外划弧，两掌相对，置于左右大腿外侧（见图 3–165）。

动作要领：重心在两脚之间。

呼吸：呼气。

（图 3–166）

➡ 第十一桩 17

动作：上动不停，双掌左右两侧张开，继续向上划弧，向上捧起置于胸前，掌心相对（见图 3–166）。

动作要领：与上动的手臂活动保持连贯性，双臂缓缓向上捧起收气。

呼吸：呼气。

（图 3–167）

➡ 第十一桩 18

动作：接上动，双膝微屈，双臂环抱，同时双掌下移置于胸腹前（见图 3–167）。

呼吸：呼气。

意念：意念灌注于劳宫穴。

练习意义：一式结束后，准备下式前的凝神聚气。

第十三节　第十二桩混元归一掌

混元即无极，天地之元气。三国时代，魏国的大文豪阮籍，在《咏怀》里写道："混元生两仪，四象运衡玑。"《云笈七签》（卷二）也有写道："混元者，记事于混沌之前，元气之始也。"

乾坤，《易经》的乾卦和坤卦。乾为天，坤为地。道家认为，人体如一小宇宙，自身便有天地乾坤。

此式混元归一掌，是锻炼人体全身气血运化有序的功夫，是固本培元的功夫。当代武当丹道传承人陈禾塬在他的《丹道修炼与养生学》中解释："元气在任督脉形成周天运转的景象。正如萧元端《金丹问答》所论：'北方正气，名曰河车，左曰日轮，右曰月轮，搬运正气，运在元阳'。"

此桩法从运动形式，腰胯"∞"字平旋，双臂抱球立圆盘旋，势如河车，运转乾坤；从技击意义，云手顺化，翻手擒拿，内劲发自腰间，平圆运动，中轴旋转，两股劲浑然一体。此桩法把第一桩太极阴阳鱼的平圆劲道、第二桩泥丸旋天掌的向上螺旋劲道和第三桩黄庭转地掌的向下反拧劲力聚集归中，通过这四个桩法的练习，日渐形成整体的混元旋转功夫。

此式为整套功法的收功桩法。其站立方位在中宫的北面，意取北方正气。

由于练习此桩时，要求腰胯"∞"字平旋，双臂抱球立圆盘旋，与第一桩太极阴阳鱼首尾呼应，表达了九宫旋转十二桩法训练的科学性，它起于太极，归于混元，即太乙、太一，仍然是回归太极状态，返还到混沌不可言妙的最高境界，从而使我们的人生上升到一个新的高起点，无论从精神的性功层面，还是生理的命功层面，都会使我们享受到无与伦比的心灵体验和人生感悟。

练习完此桩转身面南收势即是重新开始的意义。因为九宫旋转十二桩功是武当太乙五行门的筑基功夫，按先天八卦图行功，当进入下一步的太乙五行擒扑二十三势练习，即按照后天八卦图行功，其行功路线和练功理念以及带来的效果，又是完全不同的，会进入另一个境界。

➡ 第十二桩 1

动作：接第十一桩 18 式，右前臂外旋向下，使掌心向上，置于腹部脐下，同时左臂向上，置于胸前，掌心向下，与右掌成抱球状（见图 3–168）。

动作要领：沉肩坠肘，十指张开，舒张但不紧张。

呼吸：吸气。

意念：两掌心的劳宫穴一线相对与膻中穴（中丹田部位），气海穴（下丹田部位）一线相对，组成内外两个意念圈。

（图 3–168）

➡ 第十二桩 2

动作：接上动，身体重心左移，随胯左旋成熊步裆（左弓步），面向西；同时，两掌相对的抱球势不变，随转体向西，目视前方（见图 3-169）。

动作要领：直腰、坐胯，两腿稍用力上顶，气要往下沉。

呼吸：呼气。

意念：气往下沉与腿劲上顶的两股力合一，使胸腹间形成一股旋涡劲。

（图 3-169）

➡ 第十二桩 3

动作：上动不停，上体后坐，重心移至右腿成狮步档（左仆步）；同时，右臂抬起，高与胸平，掌心向内；左前臂内旋，使掌心向外，成两掌心前后相对抱球势，两肘尖向外，目视前方（见图 3-170）。

动作要领：保持直腰、坐胯身形，抱球时双臂放松，沉肩坠肘。

呼吸：吸气。

意念：在意守涌泉、会阴、百会一线垂直同时，两掌劳宫相对运转。

（图 3-170）

➡ 第十二桩 4

动作：上动不停，身体姿势不变，双掌作抱球状顺时针弧形旋掌，置于胸腹前，掌心相对，虎口向内（见图 3-171）。

动作要领：双掌要始终相对，保持距离旋转，在腰腹顺时针内旋劲的带动下完成，保持沉肩坠肘。

呼吸：呼气。

意念：中丹田与下丹田形成一个内圈，与内圈带动双手抱球的外圈运转。

（图 3-171）

（图 3-172）

➡ 第十二桩 5

动作：接上动，重心在右脚，以右脚掌为轴，身体向左转，面向正北方，双掌作抱球状，姿势不变（见图 3-172）。

动作要领，呼吸与第十二桩 1 式相同。

（图 3-173）

第十二桩 6

动作要领、呼吸、意念与第十二桩 2 式相同，唯动作方向相反（见图 3-173）。

（图 3-174）

第十二桩 7

动作要领、呼吸、意念与第十二桩 3 式相同，唯动作方向相反（见图 3-174）。

（图 3-175）

➡ 第十二桩 8

动作要领、呼吸、意念与第十二桩 4 式相同，唯动作方向相反（见图 3-175）。

（图 3-177）

➡ 收势 1

动作：接上式，身体向右后方转动，使身体转向正南，然后重心落于两脚中间，成开立步，与此同时，双掌仍然环抱，向上捧起，置于胸前，掌心向里（见图 3-176）。

呼吸：吸气。

意念：灌气入中丹田。

（图 3-176）

➡ 收势 2

动作：接上动，两手内收，虎口向上，掌心向里，同时两膝弯曲、双脚以前脚掌为轴，脚跟向内转碾步，使两脚移动成外八字形状（见图 3-177）。

动作要领：脚踝用力蹬地，但要保持垂直的重心。

呼吸：吸气。

意念：意守中丹田。

（图 3-178）

➡ 收势 3

动作： 紧接上动，两手向体侧分开，同时双脚以脚跟为轴，使两脚掌向内并拢内收，成并脚站立（见图 3-178）。

动作要领： 以吸气带领双脚掌内收，扣膝力在两大腿外侧。

呼吸： 吸气。

意念： 意守丹田。

（图 3-179）

➡ 收势 4

动作： 紧接上动，两手掌心向里，两掌内收，置于腹前，双脚成并脚站立（见图 3-179）。

动作要领： 双掌缓缓内收，向下丹田灌气。

呼吸： 吸气。

意念： 意守丹田。

➡ 收势 5

动作：紧接上动，双手合抱，虎口相贴，双手男左女右（男子左手在下，女子右手在下）置于丹田处，双脚并脚站立，收功（见图 3-180）。

动作要领：保持重心，收气稍做停顿。

呼吸：收功之前，双手合抱时，深沉缓慢地做一次深呼吸。

意念：意守丹田。

（图 3-180）

（图 3-181）

➡ 收势 6

动作：紧接上动，双手相交成太极拱手礼，致礼以敬天、敬地、敬人类及万物（见图 3-181）。

意念：意守丹田。

既然武当太乙五行门的桩功是专门锻炼一种旋转的动力结构，其形式必然是全身从头到脚有序化的漩涡式运动。有了这样的理念才能练好本门功夫。

后　记

《九宫旋转十二桩法》，是练好武当太乙五行门功法的基础动功。此门功法风格独特，尤其是《武当太乙五行拳》，初学者很难掌握，必须由此功法作为晋升阶梯，方能如愿。为了传承和发扬武当武术，本人走南访北，挖掘整理，又经多年习练，深入研究，力求把古老传统的功法与现代科学的教学手法相融合，并加以系统化规范化，从而形成一套由浅入深、循序渐进、简便易学的基础功法教材。为了帮助大家全面掌握本门功夫，我们还将陆续出版《武当太乙八法》《武当太乙五行拳》（亦即《太乙五行擒扑二十三势》）《太乙五行门拂尘》《太乙五行门紫光剑》《太乙五行门梨花枪》。

我出生于武当山下的武术之乡——郧阳，家风淳朴，世代爱好武术，因此本人自幼拜师习武，后又考入武汉体育学院武术系深造。就在 1981 年我于武汉体院读书期间，从湖北江汉大学安天荣老师那里得知年逾花甲的金子弢先生到汉讲学并办武当太乙五行拳培训班，出于好奇约同学前去观摩学习。不料首次接触就我迷恋上了这个拳，并跟着学了一些基本招式，后来一直想找机会再次向金子弢老师学习。1982 年初寒假回郧阳老家时，巧遇我幼时的武术启蒙师傅刘太福宴请金子弢老师，席间师傅借机让我拜金子弢为师，就这样作为正式弟子我又一次与金师傅学拳，当时就是从《九宫》学起。金师傅还给了我一份《九宫旋转十二法》钢板刻字的油印教材，我保留至今。回想当年，一切历历在目。

但由于当时年轻，没能认识和理解到这个拳的价值和意义，加上那些年忙于拍电影又疏于练习，所以领悟不深。20 个世纪八九十年代，我主演《新方世玉》《神丐》《金镖黄天霸》《吕四娘》《特别攻击队》等二十余部轰动一时的功夫影视片，成为名噪一时的武星。好在后来我又访师问友，皈依武当道门，成为武当玄武派十四代传人。期间，我于武当山重操旧拳，温故而知新，更觉亲切，倍感拳理功法远胜于其他内家拳法，于是刻苦练拳，潜心研究，并结合中医经络穴位学说体系及道家呼吸吐纳、导引之术，更加深了对太乙五行门拳理功法的理解，从而保持了该拳种原貌，尽可能原汁原味的演示及传承。

处理好传承与创新的关系是非常艰难的。我除了翻阅大量道家史书资料外，还查阅了相关书籍，如武汉市武术协会武当武术整理小组编写《武当太乙五行拳》、安天荣老师著《武当太乙五行擒扑：九宫旋转十二法》(中英对照版)、何振亚李喜卿著《武当内家特技》等，甚至还从南至北寻遍了为数不多的武当太乙五行拳的大师和习练者，这些人是当年真正长期跟随金师傅学拳的，上海胡惠芬、江苏杨成英、武汉刘玉龙，武当山下的赵剑英（已故）、刘太福、杨群利、钟云龙等。我从他们那里丰富了拳法拳理以及本门功夫的技击技巧和养生理念。尤其是武当养生研究会会长、武当丹道传承人、我的哥哥陈禾塬，以其武当丹道那深奥的理论启迪和浅出的具体指导，令我追寻到了本门功法的理论依据并获得不少道家养生秘诀。当然我的先生何伟雄也一直默默的全力支持，使我得以顺利完成此书的著述和出版。还要特别感谢张耀庭先生、赵秋荣师兄给书题序。

自 2006 年央视《武林大会》传统武术擂台赛筹备开始，至今三十多个拳种的挖掘整理和组织集训及比赛，我都参与其中，并常任专家评委。八年来我参与组织了多个大小门派拳种赛事，集多家之长来丰富、完善和规范武当太乙五行门拳法和功法，并大力推广宣传武当太乙五行拳，二度把武当太乙五行拳推向央视《武林大会》擂台赛，向世人展示她的魅力。同时我们成立了广州永侠武术俱乐部，旨在传承和发扬光大中华武侠精神，俱乐部拥有专业的搏击选手，参加由国家武术运动管理中心、中国武术协会、中央电视台联合主办的《中国武术职业联赛》，成绩优异。近几年我重在推广和培养武当功夫及后继人才，已有逾千人的海内外弟子，真正成为中华传统武术的传承人和推广传播人。

随着传承的继续和拳法功法研究的深入，我越来越感悟到太乙五行门功夫的博大精深，而且它充满智慧、品位高洁，技击高深莫测，养生一以贯之。它是一种正能量放射，集道家健身、养生、防身之大成者；它是一种成熟的文化现象，含太极、宇宙、人生之大德者。此时此刻我们只有赞美中华民族的优秀传统文化带给炎黄子孙的福祉，赞叹华人祖先留下这古老而时尚、唯美而实用的拳法功法，方能释放我们对本门功夫的创始人张守性，重要传承人徐本善、金子弢的怀念之心、感念之情！

让我们生生不息，代代相传吧！

陈永霞

作于广州